說不完的甲骨文故事

許進雄——著

目次

推薦序

一甲子學術路，一輩子兄弟情

黃啟方（前臺灣大學文學院院長、前國語日報社董事長）

本書是老大許進雄教授一系列有關「甲骨文」著作的最新本，由五篇公開演講稿整編而成，距離第一本書《字字有來頭——動物篇》，已經是六年了呀！時間過得真是快，然而老大在學術文化上的貢獻，也隨著這一系列的著作而如日中天！老大在甲骨學和古代社會文物研究上的成就，已經是舉世皆知了，我還能怎麼推薦他的著作呢！

老大和我已經相識相知了六十三年。六十三年前的秋天，我們同時考進臺大中文系，他還是系狀元呢！他從高雄，章景明自斗六，我由彰化，三個中南部鄉下的少年，幾乎一見如故，也很認真的交換生日時間，知道還是同一年先後出生時，更是驚喜而惺惺相惜。進雄最大，景明小兩個月，我又再晚兩個月，於是老大、老二、老三的排行確定。我們原就住在學校分配的同一學生宿舍區，上下課同進同出，同學們很快就給了「三劍客」的稱號，我們也欣然接受。三人稱兄道弟，自然而然。大三暑假，上成功嶺接受軍訓，老大又與我同一連，真是巧呀！多少可以互相關注。後來三人都考上研究所碩士班，名次也是依次排列，人人驚嘆。

雖考上研究所，按制度得先去服一年的預備軍官役。我奉派到屏東鄉下；離家才兩個月，母親因久病逝世。老大知道後，在母親出殯當天一早趕到，披孝跪拜行禮。我因哀傷而都似在半暈厥狀態，幸得老大一路相扶持！老二因請假不易，日後專程來行禮，情誼不失。

研究所畢業，老大因在甲骨學上有突破性的發現，獲得老師們的激賞，屈萬里老師特別推薦他到加拿大安大略博物館去協助整理並研究甲骨實物。從此一去三十年。老二上了博士班，繼續鑽研「三禮」，五年後獲博士榮銜，應中央大學邀聘擔任教職到退休。我則博士無緣，幸得老師們還能肯定，得以留系擔任講師。十一年後升任教授，更蒙師長們鼓勵支持，先後應校長邀兼臺大夜間部主任、訓導長，又經由系院同仁推選為系主任、院長。在擔任臺大第一次校長推舉委員會召集人期間，因父親病逝而感慨萬千，遂有重新規劃生涯之念。

老大在甲骨學成就上的聲名日噪。偶爾回臺探親或短期講學，臨去時往往別情依依而淚下。我曾有機緣應邀主持一所大學的文學院，於是徵詢老大回來共同努力的可能；老大二話不說，立刻答應並做準備。然後我婉謝了邀約，決定提前自臺大退休，到離家最近的學校任教並休養，但仍被虛名所累，又人情難卻，就是擺脫不了行政職務！而老大終於回到臺大專任，全力培養後進。我請他也到世新學系兼課，他也是一口應承。這已是他去國三十年後了！

歲月絕不會停留，我們畢竟也到了該「退休」的時候！老大對世事一向看得很淡，更因大嫂病逝，又有萬事皆空之想。當時馮社長創辦文史期刊，希望能請老大寫甲骨學方面的文章。我也極力敦促，並承諾也會寫古人的飲食問題配合。就如此一期一篇，在完成第一本《字字有來頭——動物篇》後，第二、三、四、五、六本相繼成書問世，非常受到海內外歡迎。老大還自行重整舊有相關著作，並由商務印書館印行，一樣風行國內外。老大固是「老懷欣然」，我們自然也與有榮焉！

老大兩位公子都在加拿大多倫多，不免時時懸念。終於決定回加團聚。去年九月十六日如願成行。行前還特別交代要為他的新書寫序。哪知回到多倫多後，一再有暈厥意外，皮膚舊疾又復發，帶回去的藥品用完，疼癢難當，於是立刻購票搭機回臺。二月十七日清晨到達，當晚見面時，看他拄杖而行、體虛疲弱的模樣，大為傷感！經兩個月的調養，幸而元氣日復，已可以不用手杖了！日前轉告老大，編輯已邀寫序，並說：「我得想想，能寫些什麼！」

老大說：「請你費點神！寫些兄弟情誼就可以了！拜託！拜託！」

當然得遵照老大的吩咐呀！那麼，這就是了喔！

二〇二三年四月十九日　心隱齋憩寂室

自序
讓古代文字走進當代視野

過去五年來，我在商務印書館和字畝出版社出版了約二十本書，銷路大致都不錯，都有再刷，所以出版社很願意再為我出書。但是自己年歲已高，沒有體力和精神寫新的書，就建議說我還有一些演講稿，不需太多精力就可以挑選出來。字畝出版社的馮社長請我挑出幾篇。我挑了六篇內容比較有差別，重複性比較低的，請馮社長斟酌、估量一下是否可以出版。她建議第五篇比較短，是否可以合併到他篇。我考慮後，認為與第一篇的性質可相容，所以現在就以五篇的形式來出版。

教書的人大都會有各式各樣的演講邀約，除正式研討會的學術報告外，我也偶爾在一些非學術性的場合介紹中國文字的巧妙。回臺之前，我曾經在博物館工作二十八年，我們有個信念，讓更多人喜愛文物，博物館的業務就會更加發展。所以除了與愛好文物的人士交往之外，我也在僑居地的中文報紙寫介紹中國文化的通俗性專欄。此外，我也很願意到一般的社會團體，作有關中國文字的演講，期望能提高一般民眾對中國文字的興趣。

中國的文字很多，但我覺得能讓聽眾感興趣或有新奇的例子不是很多，所以各個演講的內容不免有部分重複，要選取完全不重複的演講不是那麼容易。現在總算選擇了這五篇，就稍微解釋一下內容。

第一講：我為何迷上甲骨文字

類似的內容在兩三所學校分享過。最近一次應該是在淡江大學中文系。我因為偶然的機會，很早就踏上研究甲骨文的路。我常對學生們說，一個人的成功，往往有三個因素：一是有足夠的腦力，才能應付眼前的環境。二是有伯樂欣賞你，願意把工作或機會交付給你。三是有個機會讓你去做，激發你的潛力。如果沒有機會磨練你，可能你的實力就表現不出來。

我因為偶然讀了一本書，原本沒有目標的人生，頓時有了方向，變得願意努力學習，堅定追尋自己的目標。我也在一夕之間，由漫不經心變成一個認真讀自己喜愛的書的人，此後一路往自己的方向前進。這個經歷應該是勵志的，所以我喜歡談它，希望能影響幾個學生找到他們自己的目標。

在我成長的前段，有三位伯樂成全我，第一位是李孝定老師，他在我大二時推薦我申請寫論文的獎助金，使我有機會從事專題研究，建立了商代周祭研究的基礎。第二位伯樂是大三時候鼓勵我把研究的構想寫出來發表的金祥恆老師。第三位伯樂是推薦我去加拿大多倫多皇家博物館整理明義士藏骨的屈萬里老師，讓我能觀察到各期甲骨上的鑽鑿型態有很不一樣的形態，可以做為斷代的輔助工具，解決某些甲骨時代的論爭。博物館的材料也讓我發現周祭研究的新觀念。

後來小屯南地和村中與村南，二次科學性的發掘，地層符合我做的鑽鑿型態序列，大陸開始有人撰文反對他們以前的分類，進而邀請我出席北京故宮整理明義士兩萬多片甲骨的籌備會，請我發言，以聲援採用新斷代的意見，並安排我做一場公開演講。這次演講是針對整理甲骨的經驗談，所以也收錄於第一講。

到了加拿大，從整理甲骨、到讀博士、到擔任部門主管，接觸到各行各業人士，使我增長很多中文系以外的知識，慢慢領悟到中國的古文字反映古代人的生活經驗。所以也特別注重從古人生活的觀點去了解古文字，而有了一些新解釋，也成為甲骨學界特別專注於文字創意的人。這個演講，我列舉「犁」、「襄」、「旁」、「疇」等字反映農業的知識，「吉」字蘊含的冶金知識，甚至破解了中國古代的「廌」、「薦」、「慶」、「羈」等字，都是以越南在二十世紀才發現的沙拉（羚羊類）構形的，了解氣候變遷驅使喜熱動物的南遷，涉及種種非中文領域的發現。

第二講：文字的趣味

這是五篇選文中最早的一次演講，回國後不久，接受一個書道學會邀請講授一系列課程。我選擇一些有趣的字，來作有別於書道技法的演講。首先是借「郭」與「酒」二字，從考古學的觀點來說明中國文字的歷史至少有四千年。「郭」字表現圓形的城牆，是四千二百年以前的形狀，以後都是方形的。「酒」字的形狀是五千年以前長途運輸酒工具的窄身尖底瓶而非商代的平底酒器。證明中國文字至少已經過四千年的演變。

然後隨機的介紹有關砍腳挖眼的刑罰（刖、臧、眢、民、童），鏡子的鑄造（監），燈的使用（光），用飯的禮儀（豆、卿、即、既、次），農業的收成（釐、舂），高貴的建築（享、京、樓、臺、容、雍、囿），酒的過濾（莤、爵、斝、曹），建築結構（冓），觥是水器（觥），爬上樹採桑（喪）等有趣的話題。

第三講：古文字中的樂舞

應邀到戲曲學校作演講，所以選擇和戲曲、音樂有關的字來介紹。首先解釋「戲」字，作一把戈在跟高凳子上的老虎打鬥，這是逗趣的表演，所以有戲弄、戲劇的意義。老虎是兇猛的野獸，要挖坑陷或用毒箭射殺，用戈去捕獵是不理智的行為，所以粗暴的「虣」字就以戈博殺老虎來表達。戲劇和軍隊下命令，同樣是在高臺上進行，所以「戲」也是司令官的名稱，司令臺也叫戲臺。這種使用後世都遺忘了。接著介紹和軍事有關的「游」與「化」字。「舞」是求雨的儀式，連帶談樂舞的道具

（鬼、魅、夏等字）以及談音樂相關的字（樂、奏、音、言、尋），談樂器的定音以及樂器（攻、龢、琴、瑟、吹、磬、聲、鼓、彭、南、用、甬）。有關樂舞的字大致都介紹了。

第四講：商周時代的守喪與攝政

《旅讀中國》媒體常邀請作者介紹一本書，並錄製影片在 YouTube 上播放。很榮幸選了我的《文字學家的甲骨研究室》，作了一次錄影演講。我就選擇書中有關死亡與喪俗的二節，加上近日領悟到的君王守喪而有攝政制度的新見。內容分成多節講述。

一、孔子論三年之喪：孔子說父母抱負孩子三年，所以父母喪亡時子女以同樣時間守喪回報，我認為與實況不符，可能另有原因。

二、南粵王的言論：南粵王說等到屍體化成白骨時才算是死，之前都不再背叛漢朝。有可能是守三年之喪的根由。

三、甲骨文的「死」字：甲骨文的死字有二個，正常的死亡以人在棺內表達，異常的死亡以一人在枯骨的旁邊表達。

四、埋葬方式：古人認為死在床上才合禮儀，才可以棺木殮葬（葬、疾、宿），否則只能埋在土坑內，值得吝惜（吝）。

五、喪俗流變：因經濟原因，人老時由子女執行殺死的任務（微、老、孝），因不忍親自執行，漸改為送老人到深山等死，過一段日子才去撿骨回來，最後演變先埋葬，等三年後屍體化成白骨，又重新撿骨入葬（殘、壑、弔）。

六、拜尸的習俗：古時有以孩子蹲踞代表祖先接受祭拜的習俗（尸）。尸是化成白骨的二次葬才會有的姿勢。屍體化為白骨的時間，根據屈原的《天問》，北方大致需要三年，有可能就是三年之喪的源頭。還介紹相關的「文」、「還」二字。

七、可能是三年之喪的證據：（1）武丁守喪三年的事實。（2）商代干日命名與撿骨時間的關聯。（3）祖先名號的差別。（4）周祭的怪異現象。帝乙元年正月的祭祀已是中段，有人代表王舉行祭祀。（5）虞辛存在的問題。周祭沒有虞辛，但歷史記載有，應是誤會攝政為王。

結論：屍體三年化為白骨，擇日撿骨，所以商王干名集中在某幾個干日。君王守喪三年，期間有攝政大臣。

餘論：西周武王期的天亡簋有「文王監在上，丕顯王作省，丕絺王作庸，丕克乞衣王祀」的銘文，表現周武王守喪，只省視。而絺王卻是發揮作用，能夠完成終結殷王的祭祀，即滅亡商朝。所以絺王是武王的攝政者。史書竟然沒有留下武王有攝政的片言隻語。周公是成王的攝政，所以武王有攝政是很合理的。周公改革禮制，廢除攝政，所以以後的周王才沒有攝政的紀錄。

第五講：甲骨文與文物的故事——從文字的創意看古人生活

因為我有幾本書在商務印書館出版，所以岡山文化中心請商務印書館安排我到該中心演講，商務印書館的王董事長還親自帶二名職員陪同。這場演講的聽眾，我估計主要是市民大眾，所以選擇比較輕鬆有趣的講題。

首先從象形的「虎」字開始，先談文字的通性，反映生活的經驗。然後講二雄虎不能相容，一見面就要分個你死我活，不顧自身的安危（虤ㄧㄢˊ、皆），本來還談到老虎兇猛，用武器直接對抗是粗暴不理智的行為（虢），所以發展挑逗老虎的戲劇以及與軍事的關係（戲），因為和在戲曲學校的演講重複，所以刪掉這部分。

獵殺老虎採用坑陷比較有效，還可以取得完整的毛皮，所以介紹「告」字，在一個坑陷上插一個標示，警告人們不要誤陷其中，不是一般的坑洞。捕獵要使用田網以及狗（獸），田網是為了不傷毛皮，狗則是能夠嗅聞動物的窩藏處。再談到狗的嗅覺敏銳，所以以犬與自（鼻子）表達嗅覺（臭）。進入農業社會，不需捕獵，養狗的用途轉為晚上守護家門，所以「器」字以犬及四張口表達，遠遠聞到陌生人的氣味，狗就以連續的吠叫，警告主人有陌生人的到來。

古人也了解合金的成分影響其性能。「則」字以一鼎一刀表達準則的觀念。鼎為祭器，重點在顏色輝煌，需要超過九成的銅；刀需要銳利耐磨，需要一成多的錫，製作各類青銅器各有合金上的準則。「复（ㄈㄨˋ）」字是利用鼓風袋，一緊一鬆把空氣送進煉爐，以增加燃燒的溫度，所以有往復的意義。「厚」字則是借用厚壁的坩鍋容納高溫的金屬液，以表達厚的抽象意義。

此外也談及一些日常生活用字。例如，「尋」字是以伸開雙臂去丈量席子的長度，得到的結果八尺，說明商品的標準化。「盡」字是用刷子清洗器皿，「徹」字是用彎曲的手指才能清洗煮飯的鬲的空足裡的殘餘。「履」字是貴族行禮時所穿，容易脫掉以乾淨的赤足上堂行禮。「前」字原是洗腳，有可能來自上堂前要洗腳使乾淨的習慣。「每」字是貴族婦女頭上插有多支裝飾物，頭上裝飾梳子的是貴婦人。「熏」字原是身上佩帶的香料包，後來發展成為焚燒香料的薰爐（「籃」字）。「去」字是利用在坑上蹲足排便以表達去掉。「家」字以屋內養豬為普通人的家屋，「圂」字則指屋內養豬的所在即家人的廁所。「宿」字是平時睡在草席上，而在床上躺臥則是「疾」字。因為要死在床上才合禮宜，生病就要睡在床上，防備不治而死。所以作夢也以在床上表達，因為強制求夢有可能死亡。這些是日常的生活情景。

最後介紹幾個軍事用字。軍事訓練時，兵戈相向會造成傷害，因而創造「誖」字。站隊整齊是「並」字，站隊不整齊則是意義敗壞的「替」字。透過這些介紹，大致就能了解與古人日常生活密切相關的古文字造字創意。

第一講

一個文字學家的誕生

一個偶然的機緣改變了我的一生。

機緣加上毅力，成就了我的一些新觀點。

刻意尋求，不一定能得到答案；累積經驗，答案自然顯現。

立志讀中文系

我是高雄人，高中就讀雄中。高三時候，因為成績不很理想，沒有與家人商量，就擅自辦理休學，心裡打算：如果考不上理想大學，還可以復學，回雄中繼續準備功課重考。誰知道，這一年教育部修改章程，不能以同等學歷報考。我只好賦閒在家，無所事事。

有一天經過一家書店，翻到一本王念孫註釋的《廣雅疏證》，翻開書頁，發現第一章的釋詁有如下的句子：

「古、昔、先、創、方、作、造、朔、萌、芽、本、根、櫱、鼃、䔿、昌、孟、鼻、業、始也。」

「乾、官、元、首、主、上、伯、子、男、卿、大夫、令、長、龍、嫡、郎、將、日、正、君也。」

我好奇，為何這麼多不同的字卻有同樣的意義？有些字的用法我曉得的，可是有些就不知道了。我就買了這本書，想看看這到底是怎麼一回事。讀後明白，這些字的本身意義不盡相同，但使用的時候卻可以有類似的意義。我進一步閱讀了王引之的

《經傳釋詞》、《經義述聞》、俞樾的《古書疑義舉例》等等著作，甚至去找出引用的原典來閱讀。當然我不是都能完全理解這些古代經典的內容，但是我覺得中國文字很奇妙，從此一心一意要報考中文系；復學以後，我就從第一組的理工班改讀第二組的文史班。

考上臺灣大學中文系後，我了解到，要解答我的疑問，需要學好文字學與聲韻學，所以就去旁聽二年級的文字學與三年級的聲韻學。我覺得文字學是基礎，必須先學習好，所以就經常向教授文字學的老師們請教。那一年文學院創刊了《中國文字》，金祥恆老師有一篇文章〈釋虎〉，介紹「虎」字的甲骨文字形就是描畫一隻老虎的形象，後來經過演變，逐漸成為現在的虎字以及隸書、草書等各種型態。

甲骨文的「虎」字（
），字形非常多樣化。前四形最為寫實，模擬一隻軀體修長、張口咆哮、兩耳豎起的動物象形，很容易看出是一隻老虎的形象。先是身軀簡化了，保留頭上的耳朵特徵。接著，為了書寫的筆順，就把

耳朵移到鼻額前。兩周的金文就是基於這個字形演變來的（）。甲骨文最簡單的虎字字形，不但把耳朵省略了，身軀和腳都只剩一條線了（）。小篆的字形（）來自金文，最上的分叉是老虎的耳朵，中間的部分是張口咆哮的頭部，最下部分是身軀與腳。

我讀了之後很受啟發，了解到，如果想要對中國文字的創意有正確的解讀，應該從當時最早的商代甲骨文字下手。從此我就開始自己學習甲骨文。這是我走上甲骨學的關鍵。

順便說明一下，老虎是四腳著地的，但是甲骨文大都寫成頭朝上，尾巴在下的豎立形象。那是因為至遲到了商代，人們已普遍使用竹簡書寫。竹簡形制窄長，所以需要把老虎的形象作九十度的轉向，適合竹簡不到一公分的寬度。

做學問的情況，有時是自己主動去探尋某個問題，但不一定有成果。有時是累積知識到一定程度時，突然就對問題有了新的發現與理解。以下就是我個人的經驗。

從事甲骨文研究的機緣

大二那一年，文字學改由李孝定老師授課。李老師當時正在編寫《甲骨文字集釋》，這本書的撰寫體例，是把各家對於某一個甲骨文字形的解釋匯集在一起，然後以個人的意見做為總結。李老師看我對甲骨文有些認識，就讓我到他在中央研究院歷史語言研究所的研究室閱讀他的原稿、校對引文。這讓我閱讀了當時所有的甲骨著作，同時讓我有機會認識歷史語言所的甲骨學者張秉權教授，以及拓印甲骨的劉淵臨先生，他們對我日後從事甲骨文研究很有幫助。很少有像我這樣年輕而又對甲骨文字很熟悉的學生，所以張教授很樂意跟我交談，甚至不在意我看研究室裡的甲骨實物。劉淵臨先生則教我拓印甲骨文字的方法。

下學期即將結束的時候，李老師告訴我，一個美國機構在臺灣設立一個中國東亞學術研究基金，提供必要且非常優渥的獎助，以期提高學生從事某些冷門學科研究的意願。其中有一個名額是提供給研究甲骨學的學者，但是這個獎助需要寫研究論文，他和戴君仁老師共同推薦我去申請。我就依老師的指示去申請，想不到我獲得了八千元新臺幣的獎助（當年宿舍伙食費一個月才一百八十元）。李孝定老師是我人生的第一個伯樂。

我提出的研究題目是「商代祭祀卜辭的研究」。得知獲得獎助之後，我就開始收集材料，首先是選取比較重要的祭祀名目做為探討對象。

大一暑假，我因為回答董作賓教授（當時不認識他）的問話，老實的報告說，自己讀《說文解字注》發現有很多錯誤，結果被董先生怒罵半小時。所以在董先生去世之前，不敢再去中文系第十研究室。這時金祥恆老師也就讓我在他的研究室裡有個座位，這使得我與金老師見面的機會變多了。由於和金老師接近，我也認識了董作賓教授的得意弟子嚴一萍先生，後來我出國，更與他頻頻通信。當時我會將自己對甲骨文的一些看法，先向金老師請教，金老師便鼓勵我將比較有心得的部分先挑選出來，寫成小文章，在《中國文字》發表。金老師是我的第二個伯樂。

一九六三年六月，《中國文字》十二期刊出我的第一篇學術文章〈釋御〉。我發現甲骨文的「御」字，其實是兩個字形相近的不同字，一個具有「禳除」、「抵禦」的意義，一個具有「動用車馬」的意義。這與胡厚宣教授所發表的看法不同。胡教授認為「茲用」與「茲御」的意義一樣，但我認為他的看法有問題。「茲用」是所謂的兆側刻辭，說明這一次占卜的預期占斷被採用了。而「茲御」則是驗辭，說明採用占卜的結果，動用了車馬而有了田獵的收穫。

【甲骨】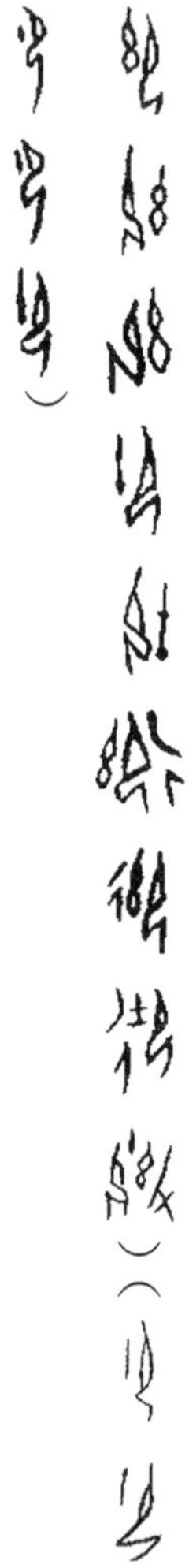

【金文】

《說文》：「，舍車解馬也。从卩、止，午聲。讀若汝南人寫書之寫。」

《說文》：「，使馬也。从彳、卸。，古文御，又、馬。」

從事周祭研究 完成碩士論文

我撰寫東亞學術獎助論文的最大收穫，是對於周祭（初稱五種祭祀）的研究。董作賓和島邦男兩位前輩教授，是在我之前對周祭研究最著名的兩人，他們的研究成果相似，但有所差異。我重新探索，而且找到證據，修正了兩位前輩所推論的周祭的祭祀名單和開始的祭祀組。我在《中國文字》二十二期發表了〈甲骨卜辭中五種祭祀祀首的商討〉。五種祭祀是以翌、祭、壹、劦、肜等五個祭祀，持續不斷的向商王的祖先舉行。有必要探求何者為先。

董作賓先生認為祭祀時，先是鼓樂的肜，然後是跳舞的翌，最後以吃飯的祭、壹、劦結束，所以次序是「肜、翌、祭、壹、劦」。日本的島邦男先生認為應從規模大者開始，祭的祀組包括壹與劦，規模最盛，所以次序應該是「祭、壹、劦、肜、翌」。這兩種說法都是主觀認定，沒有支持的證據。我就發現有兩條卜辭，上面所寫的序列都是「翌、劦、肜」。而且翌組與祭組、祭組與肜組都是相連的，但肜組與翌組之間卻有一個空旬，明顯表現一個祀組與下一個祀組之間的中斷。所以五種祭祀舉行的次序，應該是「翌、祭、壴、劦、肜」。

這篇文章發表後，大概就被認定為正確，不再有異議了，連董先生的得意弟子嚴一萍先生也接受了。接著《中國文字》二十四期又刊登了我寫的〈五種祭祀的祀周和祀序〉。我根據有年代月日的祭祀刻辭所復原的祭祀祀譜，研究得知「祀」是指王的在位年數，而非祭祀的週期數。當時把所有先王、先妣祭祀完畢一輪的時間，正常是三十六旬，約兩年就有一次輪替的三十七旬週期。我將以上兩個理論基礎，擴充成為我的碩士論文《殷卜辭中五種祭祀的研究》。因為我早已在研究這個問題，所以碩士班只讀兩年就畢業了。

在我撰寫碩士論文期間，中央研究院張光直院士發表了一篇論證商王謚號的意義的新觀點，引發熱烈辯論。我便從周祭的現象來反駁張院士的觀點。我以文章向屈萬里老師請教，屈老師就將文章寄給中央研究院《民族學研究所集刊》刊出。當時有人不相信這篇文章是一個在學學生所寫，因而有傳言說是屈老師掛我的名字發表的。

綴合甲骨　發現周祭系統的新規律

屈萬里老師指導我的碩士論文，知道我有能力獨立從事研究。在碩士班第二年，有一天，屈老師和李濟之博士在中央研究院史語所接見我。原來加拿大多倫多大學東亞學系寫信給中央研究院，請求推薦一個人選去整理該校收藏的明義士博士購藏的甲骨。兩位教授勸我放棄在臺灣讀博士學位的念頭，合力推薦我去加拿大整理那批材料。因此我很快就把論文完成，準備赴加拿大應聘。想當初，選讀中文系的另一因素是英文太差，想不到有朝一日竟會前往英語系國家工作，還攻讀博士學位，在多倫多大學東亞系任教。屈老師是我的第三個伯樂。

到加拿大多倫多皇家安大略博物館報到後（一九六八年從大學分出，自成省屬的機構），我負責拓印甲骨，同時也做甲骨綴合的工作。有一天，我的助理拿了兩小塊甲骨來問我，是否有可能綴合起來。我一看，同是龜背甲，顏色、厚薄都相同，齒縫、斑點也都密合，我毫不猶疑的說可以綴合。可是一讀上頭的刻辭，我愣住了。一版是辛亥協大甲的配偶妣辛，一版是己酉協祖乙的配偶妣己。這下子，我開始對剛才所做出的判斷感到猶疑起來，因為兩條刻辭分屬於不同的週期系統，是不可能綴合的。可是，不論從齒縫、邊緣、顏色、厚度、斑點、盾痕等等特徵來看，這兩片甲骨不可能不是同一塊骨版的斷折（沒有實物就不可能綴合）。

周祭的週期有兩種，一般是一個週期三十六旬，但又有三十七旬為週期的。以前所公布的甲骨文字裡，三十七旬所多出來的一旬，都落在翌工典與翌上甲之間。會不會這是一種新的現象呢？是否多出的空旬，也可以安排在其他位置上呢？於是我又細心檢驗館藏記載周祭刻辭的碎骨，終於找到可以綴合的七版碎骨，於是在《中國文字》三十五期發表〈殷卜辭中五種祭祀研究的新觀念〉，提出我的研究結論：在三十七旬週期的周祭系統時，多出的一旬，可以安排在任何一個位置，而不是以前所認為的只在工典與上甲之間而已。

商代的周祭系統，以三十六旬與三十七旬的週期交互舉行，顯然是反映一年的日數為三百六十五日的事實，額外的一個空旬，有可能就是調整天象的一個據點。後來，中研院收藏的甲骨，也由張秉權先生綴合了一例，在祀組的其他位置多一空旬的現象，從而證實這種現象。

周祭在商代是新派王朝所特有的組織嚴密的祭祀系統，由五種祭祀所組成，每種祭祀都依據既定的祀譜，從第一位祖先上甲，祭到上一位王與妣為止，某些王的配偶也受到祭祀（這是《史記》所沒有的訊息）。祭祀之間有一定的聯繫、一定的間隔，可以推算兩者之間相隔多少日子、多少月份，據以推算月日的確實安排，可以說是唯一可以考察商代曆制的材料。

由於我綴合了幾版有年代、月、日的周祭紀錄，得以復原帝乙二祀到十祀之間相當綿密的月份。商代使用的曆法，與我

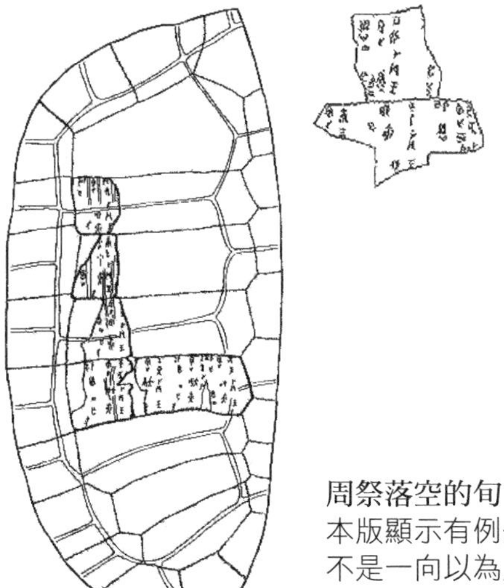

周祭落空的旬

本版顯示有例外旬的新位置，不是一向以為只在翌工典與翌上甲之間。（《合集》36226）

們現在的陰曆大致相同，大月三十日，小月二十九日，大小月交替安排，每過多少月份就有一次連大月，以調整月份與日子的誤差。又為了調整月份與太陽年之間的誤差，也有閏月的安排。根據我的綴合結果，呈現出不應該有的連小月的現象，說明當時曆制，可能不像後代是依一定的數據事先排定，而有可能採用實際的觀測，以致有些月份不滿二十九日（由於太陽、地球與月亮三者間相互引力的變化，月球繞地球的速度天天有變化，實際月份可變動在二十八天與三十一天之間）。於是我發表了〈五種祭祀的新綴合——連小月的現象〉（《中國文字》新十期），以及〈第五期五種祭祀譜的復原——兼談晚商的曆法〉（《大陸雜誌》七十三期）。

我還根據有年月日或有月與日的祭祀，嘗試還原帝乙與帝辛的整個祭祀活動與曆制。當時發現，帝乙元祀正月已經是這次祭祀的中段，還有好幾組卜辭是之前的祭祀。當時想不通為什麼有這種現象。直到二〇二〇年，才發現一些證據，領悟到商代有三年守喪的習俗，守喪期間有攝政的設施。帝乙的攝政者已開始啟動周祭的祭祀。

有一次，中國社會科學研究院歷史所的宋鎮豪教授（現為社科院歷史所甲骨研究主任）跟我談及往事，他也曾想寫有關周祭的論文，指導教授胡厚宣教授卻告訴他：「許進雄的周祭研究已很完整，不可能超越。」他因而放棄這個論文主題。多年後，北京大學歷史系的朱鳳翰教授當面告訴我，他年輕的時候，常騎腳踏車到考古研究所抄寫我的碩士論文《殷卜辭中五種祭祀的研究》，這也算是一種肯定。

清理骨背　發現鑽鑿與斷代的關係

在博物館工作的另一更重大發現，是利用甲骨上的鑽鑿型態去判斷甲骨的時代。董作賓先生發表了甲骨斷代研究例，從刻辭內容歸納出甲骨斷代的十個標準。但是其中某一類的甲骨，學者對於其年代卻有兩種不同的意見，相持不下。我的鑽鑿斷代，提供一個不同的切入點，應該有利於解決爭論。

殷墟出土的甲骨，為了讓占卜燒灼後的兆紋能夠容易顯現，就在背面挖刻凹洞，學術界稱之為鑽鑿。一般學者沒有看過真正的甲骨，看過的學者也缺乏長期接觸，所以都沒有發現：不同時期的甲骨，上面的鑽鑿型態也各有不同。自然也不會想到：甲骨上的鑽鑿型態，可能和時代有一定的關聯。

每次拓印甲骨之後，需要加以清理，清理的時候，一定會看到甲骨背面。一段時間後，我慢慢發現：不同時期的甲骨，上面的鑽鑿型態，有不一樣的習慣。於是我開始特意觀察，確定鑽鑿型態對於甲骨的斷代具有啟發性，因此在《中國文字》三十七期發表了〈鑽鑿對卜辭斷代的重要性〉，成為一系列相關文章的第一篇。這一篇我提出的觀點包括：根據鑽鑿型態，圓鑿大於並包含長鑿的例子，出現於第一期；只有小圓鑽的形式，見於第一、第四期及王族卜骨；長鑿旁邊有圓鑿的型態，基本只見於第一期；王族卜辭的鑿鑽型態，近於第四期與第五期；在骨下方表面施刻長鑿的型態，只出現於第三期、第四期以及王族的卜骨；鑿長短於一點五公分的，只出現於第四期文武丁與王族的卜骨和第五期甲骨。從以上種種現象，我得出第四期與所謂的王族卜骨，應該是同時代的現象，肯定了董作賓先生的斷代論點。

以甲骨上的鑽鑿型態作為甲骨斷代的標準，最先得到張光直院士的肯定，他面告我，從統計學的觀點看，我的研究結果可以肯定，後來他為中央研究院紀念傅斯年與董作賓兩位學者的展覽刊物所寫的前言中，竟說鑽鑿型態是第十一個斷代標準。

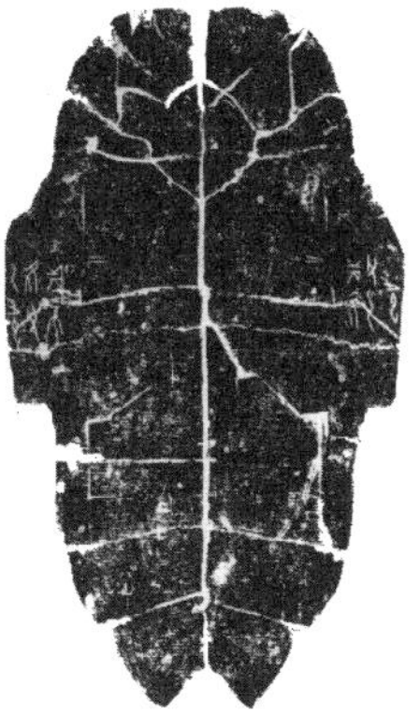

287 正

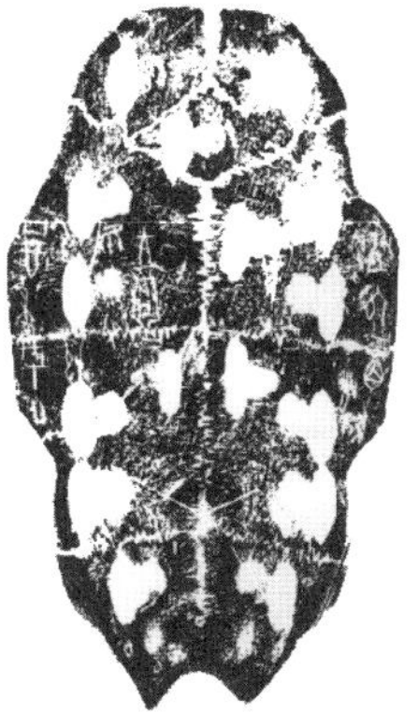

287 反

第一期龜甲正面的刻辭與背面的鑽鑿型態（《合補》287 正反）

大陸的學者對於我對鑽鑿型態的研究，初始持保留的態度。後來在小屯南地，以及村中與村南的兩次科學發掘，發現地層的序列和我的研究相符合，漸有學者同意我的看法，寫論文反對大陸以往的斷代論點。甚至北京的故宮博物院因要整理院藏原為明義士所藏的二萬二千片甲骨，邀請我出席籌備會報，並作五分鐘的發言，以加強採用董作賓斷代法的聲量。為了容易報銷我的旅費，希望我也作一場學術演講。我就以〈整理甲骨的一些經驗談〉作為故宮的第一次演講。內容如下：

對於一種事務的認識，大致有兩種方式可以依循。一是慢慢累積經驗而有所理解，因此能夠加以改善。一種是循著一定的物理性，循序探索，終於找到所要的效果。對於甲骨的認識，不外也是遵循這兩個途徑。我來談談我整理甲骨的一些經驗，與大家作些交流。

對於甲骨的認識，我和大多數學者一樣，原先都是紙面上得來的資訊，無絲毫實物的認識。當我受聘要去加拿大皇家安大略博物館整理明義士所藏的甲骨時，不得不去學習拓印甲骨的技術。我首先去中央研究院歷史語言研究所甲骨所向劉淵臨先生請教拓印甲骨的方法，然後屈萬里老師介紹我去中央圖書館（時為該館館長），練習拓印甲骨的實際技術。

到了安大略博物館，館方給我一個助理，我可以全權處理甲骨的拓印與編輯的所有事務，我既沒有別人可以請教，也不必請示長官要如何整理，事事都要自己揣摩。我服務的部門，雖有高溼度、低溼度、無灰塵等特殊收藏室，但這批甲骨來到博物館後就收藏於一般開放的空間，修護部門也認為在多倫多的環境下，沒有必要存放於恆溫或恆溼的空間，所以處理上方便多了。

可能中國的博物院接受的明義士藏骨也是一樣，都放在有抽屜的錫鐵皮櫃中，沒有任何記號，館方也沒有為之編號與攝影。安大略這批甲骨在我之前已有幾個學者看過，（館方相信學者，常讓學者自行在庫房內研究，後來發現有短缺的現象，再之後我所整理出版的懷特甲骨集中，有些應該是屬於明義士的）。我的首要工作是編號（應該先為攝影，等下要談有此必要。但如此大批材料，恐怕得另加攝影設備與人員，當時館方沒有這方面的預算）。博物館的註冊組給我們一個三個序號組的號碼，第一個是入藏的年代，第二個是該年第幾批的收藏，第三是該批收藏的個別序列號。估計這批甲骨的數量，有字的甲骨序列由 0001 至 5000，無字的從 5001 起序列。

我最先受聘的契約是兩年，即兩年之內要把所有工作完成，包括拓印與編輯。此工作還包括綴合（館內自己的與已出版的），所以是很緊湊的任務。我首先是請助理用不溶水的黑色顏料依抽屜的序列逐一編號，大塊的書寫完整的館藏號碼，小塊的就只寫最後的序列號。（出版時，拓本的出版序列號之前再附加識別號，s是 shell 龜甲的簡稱，b是bone牛肩胛骨的簡稱。序列號之後又加b代表背面刻辭，c代表骨臼刻辭）號碼編寫後放到一邊，我就從這裡一一拿出拓印，拓印完成後再成幾組擺列在另個地點，以便他日嘗試綴合的工作。拓印完成後的甲骨，先分為第一期到第五期幾堆，若有周祭紀錄的甲骨，我更分成六個系統的六堆，方便綴合的進行（我專門研究周祭，為了研究的方便才這樣做）。

在拓印之前，研究員也要先檢驗甲骨上的刻辭。由於長期埋藏於地下的關係，很多字跡被堅硬的泥土所填塞，沒有辦法用刷子刷乾淨，需用尖針剔除。如果對甲骨刻辭不了解，可能剔除不乾淨，或剔出多餘的筆劃來。

甲骨是脆弱的東西，經不起太大的敲打，而敲打又是拓印所必要的。劉淵臨先生教我一個辦法，用蜂蠟作底座，這樣敲打的力道就會傳到底座上，甲骨就不會斷裂。我拓印超過五千件的甲與骨，都沒有斷裂的現象，所以是確實可行的辦法。拓印完成後還要把蠟座與甲骨分開，清除乾淨。剔下來的蜂蠟可以再次加熱使用。清除蠟底座並不是很容易的，因為蠟座牢固地黏著於甲骨，清理費時。後來我試用一種方法，似乎有效。我在甲骨與蠟底座之間放一小紙片，可能因此減少黏著度，就比較容易把蠟座掰開，有助清理的速度。

我沒有委託我的助理作清除蠟座的任務，我於拓完後隨即清理，結果我發現了一個很重要的現象。在清理蠟底座時，必然會看到甲骨背面的情形。絕大多數的學者因沒有見過甲骨實物，只能研究拓本上的文字。絕大多數的文字刻在表面上，對於背面的情況，也幾乎是一無所知。我清理了一段時日，逐漸感覺到每一期的甲骨背後的鑽鑿型態似乎有所不同。於是，進一步觀察，發現不但鑽鑿的長短與型態每期有所不同，燒灼面積的大小，排列的行列，也都與時代有關，而骨頭上所謂的長鑿之旁的鑽，除少量外，其實只是燒灼後所剝裂的表面而已。

有了各期的鑽鑿型態不同的感覺之後，我就開始注意每片甲骨的鑽鑿型態，經過長期的觀察，確定鑽鑿型態與甲骨時代有絕對的關係，我於是把觀察的範圍擴大到其他的收藏，先是美國的卡內基博物館與皮巴地博物館的收藏，英國的大英博物館與劍橋大學的收藏，日本京都大學人文科學研究所、東京大學、東京博物館等收藏，最後是中央研究院歷史語言研究所的部分收藏，終於完成博士論文的寫作，提出甲骨的鑽鑿型態可分五型：正常型一式，只有長鑿。異常型四式：圓鑽包攝長鑿、長鑿旁有圓鑿、單獨的小圓鑽、骨面長鑿。每期的正常型的大小與型態不但有別，製作的方式也不同，連帶挖刻長鑿的行列也不同。（我發表第一篇文章後，北京圖書館的研究人員也檢驗他們自己的收藏，對於各期鑽鑿型態的觀察，得到和我一樣的結論。我建議以後出版時也同時把鑽鑿的型態發表。我在原骨上描繪，不是從拓本。拓片壓平以後，鑽鑿的輪廓可能變形。也不能用攝影的方法，因為很難拍出全部形態來。我本人不會拍照，都是請專業攝影師，但效果還是不太好。）

𠂤（ㄉㄨㄟ）組卜辭的年代，學術界一向有爭論。董作賓先生認為是第四期文武丁，但大陸學者一致認為是第一期，或其前後。我依鑽鑿型態的觀點，發現𠂤組甲骨製作的鑽鑿習慣與第一期非常不同，卻與第四期完全一致。因此認為𠂤組應屬於第四期。還有從好幾方面的鑽鑿習慣，我排列了第三期演變到第四期的過程，後來也被小屯南地，村中與村南的發掘地層所證實。這就是經驗累積的實例。（這兩次科學的發掘，除幾例屬於𠂤組的卜辭以外，都是第三與第四期的甲骨，可以推論出𠂤組卜辭的時代性。）

在拓印的過程中，我也累積經驗而對拓印的技術有所改進。不久前我在臺灣大學中文系演講，一位在中央研究院歷史語言研究所拓印甲骨的人士提問，為何她拓印出的拓本沒有我所做的黑而漂亮？我想應該是上墨的撲子的問題，因為我做過改良。我問她是不是直接用綢布包裹棉花作為撲子，因為劉淵臨先生教我的是這樣。她答說是。用這樣的撲子上墨，棉花很快就吸收墨汁而變硬，著墨的效果不好，因而要經常換新撲子，浪費時間。我碰到這樣的情況，就想加以改善。但如何改善呢？我想關鍵在於棉花吸墨汁變硬了，解決的辦法應是隔絕棉花與墨汁的接觸。我就先用塑膠紙包裹棉花，然後再用綢布包紮成撲子。塑膠可以隔絕水分，棉花就不會吸收墨汁，也就不會變硬，始終保持彈力。果然效果良好，從此我就不用再更換撲子了。撲子上沾染的老墨層也可以在清水上溼潤，拍打然後拓印於甲骨上，既省墨又省時。這就是第二種探求的方式，針對事務的物理性所作的改良。

上紙拓印的方法也可以談一談。甲骨黏著在蠟底座後，首先是對甲骨上一層有黏性的白芨水（用松香溶液也不錯），不能太稠，否則拓好之後，紙就揭不下來。然後把一張比骨面稍大的宣紙按在上頭，然後再抹上少量的水，讓宣紙溼潤並緊緊貼在甲骨上。這時可用一張比較粗厚的宣紙放在溼潤的宣紙上，用紮緊的人的髮束（細而韌，才可以打出細線條）加以撲打，這樣一來可以幫忙吸水，一面把宣紙打進文字的刻劃裡。不可以直接打在宣紙上，因為宣紙容易破損，達不到拓印的目的。撲打到宣紙幾乎乾了，也可以在宣紙上看出字跡來，就可以拓上墨了。淡淡一層又一層，上到七、八層，字跡就很黑了。我看到好多拓印的字跡不黑，可能就是出在撲子的問題，棉花已沾到墨汁，上墨的效果不好（墨太多就會模糊字跡）。

在拓印時我也體驗到甲與骨質的不同。龜甲的骨質結構好像是蜂窩狀，不是一層層的。拓印的必要手續，於甲骨上塗黏著劑、上紙、加水溼潤、撲打紙張使入刻溝、上墨。在甲上加水的手續不會讓骨質的表面產生剝裂，對拓印的效果不會產生不良的影響。但是牛肩骨就不同了，製作後，可以刻字的表面經常只有薄薄的一層。在加水、撲打的過程中，有時候這一薄薄的表層會剝裂，使拓印的字跡不清楚，而揭開紙後，剝落的屑片也難黏貼回去，再也看不出、拓不出原有的字跡。所以為防備萬一，有需要事先攝影或記錄文詞。也許北京的氣候和多倫多不同，不會產生這種結果。如果產生了，也是事出有因，不可怪罪拓印的人。

以下我再舉一例，雖和拓印甲骨無關，但也和甲骨的質地有關，是種利用物理性探索事務的研究方法。甲骨占卜的基本原則是以裂紋的呈相判斷吉凶或是非。看起來操作很簡單，好像用火來燒灼甲骨的表面就行了。其實這是一般人做不來的，所以才能顯現巫師的魔力。臺灣有人從事實驗，結果一年才燒出一個兆紋來，而且燒痕透過表面，和實際的甲骨兆紋完全不一樣。這就是沒有依從物理性而做的實驗，得不到應有的答案。

「什麼是使骨頭產生裂紋的物理性」是首先要了解的知識。骨頭遇熱會收縮，同一地點不同的收縮拉力才會使表面拉裂成裂紋。在一般的骨上燒灼不會產生裂紋是什麼原因呢？原來骨頭含有骨膠原，是種可以傳導熱量的物質。一遇熱就向四周傳播，熱量不會集中在某一點上。加熱不夠就不起作用。如果加熱太多，就會燒焦、穿透，不會形成裂紋。所以首要的步驟是想辦法把骨中的骨膠原拿掉，且要讓人看不出骨頭有異樣，人們才會相信巫師有神力，能占卜。去除骨膠原應該是古人就能做得到的方法。經過實驗，方法很簡單，只要把骨頭比較長時間泡在水中（至少半日），讓水把骨中的骨膠原慢慢溶解，然後取出陰乾就可以了。這是古人可以做到的。但一般人不會把骨頭長時間泡在水中，所以燒炙骨頭並不會產生裂紋，不能以之問占，而巫師不用一分鐘就可以成功裂兆，人們才相信巫師有問卜的魔力。由此一事，可以了解商王廷接受了屬國貢獻的甲骨後，並不能立刻用以占卜，而是要等待一些日子，等待巫師去製作成沒有骨膠原的骨頭。有人以為甲骨所記載的進貢骨頭的日期，就是占卜可能使用的最早日期，可能是不對的。有一次我回博物館，同事告訴我，他與中國的學者共同研究古代動物的DNA，但在館藏的甲骨取不到樣本，設想是收藏的環境太熱，DNA都被破壞掉了。我笑著解釋，商代已取掉骨膠原，所以採不到樣本。

甲骨的表面常是彎曲及凹凸不平的，所以要使用有延伸性的宣紙拓印，才可以覆蓋不平的表面。因此拓印後的紙張也常是高低不平的，出版時要使之平坦。傳統的作法，聽說要先蒸氣再熨平。沒有人教過我蒸氣的方法（拓本可能還要做些處理），是我自己想出一個快捷的辦法。有一種紙，透明的，是貼照片使用的。把它放在拓本與硬紙版之間加熱，三張紙就可平坦地牢牢黏在一起。可以使用機器整版壓燙，也可以用小型電熨斗小面積的熨平。非常的方便，效果良好，不妨一試。

說不完的故事：甲骨文與古文物

皇家安大略博物館收藏的中國文物，號稱是中國以外的世界十大收藏之一。這裡的藏品雖不是最精美的，卻應有盡有，有些藏品連中國都也付闕如。我的主要工作雖是整理甲骨，但因我是臺灣大學中文系訓練出來的，對於中國文物與歷史的知識肯定比洋人要充實得多，同事遇有不解的事就找我討論，無形中，對古物的認識大為增長。

此地的研究人員可以任意進出收藏室，就近觀察古物。尤其後來我擔任部門主任，參與各種展覽策展，策展所需撰寫的文字，包括每一件文物的個別標籤，我都要親自過目，確保無誤，日積月累，相關經驗日益豐厚。我發現甲骨的字形與古文物有密切關係，因此後來講解中國古代文物，便會介紹相關的甲骨文字（相關內容由國家出版社出版《中華古文物導覽》，簡體字版書名《文物小講》，二〇一九年補充資料後改版為四冊《漢字與文物的故事》由臺灣商務印書館出版，二〇二〇年出版簡中版）。漢字與文物之間，實在是有說不完的故事，以下將陸續穿插講述。

青色岫岩玉豬龍
高 7.9 公分，紅山文化類型，5500-4200 年前。

豬龍——是真實生物？還是幻想奇獸？

類似上圖這件獸首蟲身的玉雕，是紅山文化遺址常見的文物，但不見於中原其他文化。它的形像雖不像目前所知的任何陸上動物，但它對於當地社會必定具有相當的意義，才一再出現。它的尺寸有大有小，小者七、八公分，大者十五公分，都有一個可穿繩佩戴的鑽孔。從出土位置判斷，它常是一大一小佩戴在胸前，而非後來常見的佩戴在腰際。

這個動物，頭頂有兩個大耳朵，耳朵形狀是不規整的半橢圓形，有些則是斜在一邊的三角形。有一對張開的圓眼睛，有的只有一道短窪線，好像表現閉眼或睡眠的狀態。嘴巴前凸，很像豬的形狀。大額前和鼻子的部位有好幾道約略平行的長窪線，大致表現縐摺的臉部。身子蜷曲，有的像這一件幾乎與下頜相接，但至少完全分離如玉玦之狀，有的則在頭部相連，沒有完全分開。

到底這是一隻什麼動物？是實際存在還是想像出來的？學者議論紛紛，有的說是龍，或因其頭部像豬而稱為豬龍。我的看法是，遠古的人較不會做沒有根據的幻想，如此一再出現的東西，原先的造型一定是基於實際事物。甲骨文的「龍」字（），尾巴一定與頭部反方向，這個形象首見於河南濮陽一個六千多年前的墓葬，學者認為原形是揚子鱷。所以這隻身上無鱗甲，尾巴捲曲與頭同方向的動物，絕不可能是龍。它倒像是甲骨文的「肙」字（），形狀是一隻頭部看起來很凶惡，身子蜷曲、與頭同方向的動物。

肙字在商代使用的意義，與蠲、捐等字相同，是「去除病疾」或「去除災難」的意思。例如：「有疾身，不其肙？」「妣庚肙王疾？」意思是：「身子得了疾病，將不能夠去除嗎？」「妣庚能夠去除王的疾病嗎？」

《說文解字》對肙字的解釋是小蟲。有些甲骨學者認為這個字是指蚊子的幼蟲。為什麼古人會以蚊子的幼蟲表達「去除」的意義呢？理由是，蚊子叮人吸血，不但會痛，也能傳染病疾，人們很想消滅牠。如果讓蚊子長成而能飛來飛去，就不容易撲滅，最好是在未成形的幼蟲階段就消滅牠，所以就用蚊子幼蟲的形象造字，來創造「消除」的意義。

這件玉雕穿繩懸掛時，頭略下垂，很像蚊子幼蟲寄生於水面的樣子。學者認為，佩戴這件玉雕，不但是做為裝飾，也有祈求吉祥與護身的目的。如果它確實描繪的是蚊子的幼蟲，就有可能是此地的人曾被蚊子所苦，因此佩戴它以祈禳避免。能夠領悟「消滅蚊子幼蟲是去除蚊害的根本之道」，可說是紅山文化人類的一種成就。

羽冠人頭玉珮——戰士的勛章

這個人像（下頁圖）是鬼神？是君王？是部屬？

為什麼古人要配戴它？是為美觀？是為身分？是為避邪？

鑒於加拿大皇家安大略博物館藏有一個鎏金青銅人頭，長長的頭髮被刮束成一把的尖狀，後面有個小鈕可以縫在衣內。它也是一件展示品，只是容貌並不兇惡。在中國古代，頭髮不打髻，可不是一件值得讚美的事，大半是罪犯，不能控制自己外觀形象時才會有。

戴羽冠人頭形泛白淡綠玉珮／殺敵報功
高 4.3 公分，現藏於加拿大皇家安大略博物館。
晚商時期，約 3400-3100 年前。

而這件用陽浮線琢磨的玉珮，主題則是一個戴高羽帽的人頭。其設計和江西新幹出土的戴羽冠人頭形玉珮幾乎相同（見下頁圖），可以互相比對。這一件兩面的紋飾相同，由此可知是作為垂吊於腰際，兩面都可展示的珮飾。新幹的玉珮雖只在單面琢磨紋飾，用途應沒有不同。

戴羽冠的人像，最早出自四至五千年前，浙江良渚文化的玉鉞與玉琮，其造型有作一頭戴羽帽的人騎在某種動物之上。此騎獸者的身分可能是王者，但這兩件玉雕人像可不能如此看待。良渚的騎獸者作一般人的容貌，而新幹玉雕的人形卻作獠牙露齒的兇惡狀。安大略館藏這件玉雕，雖沒有雕出獠牙露齒狀，但嘴兩旁上捲的雙勾線條，看來就是獠牙的簡化。兇惡的臉容是這兩件玉雕的主要表現重點，它和良渚玉雕所要表達的騎獸者擁有神力、備受尊敬的用意，是完全不同的。

戴羽冠人頭形泛白玉珮
高 16.2 公分，寬 7 公分，厚 0.4 公分，
江西新幹出土。
晚商時期，約 3400-3100 年前。

古代有種獻馘（ㄍㄨㄛˊ）舉動，是隆重的軍事慶典。《禮記・王制》記載：「天子將出征，……受命于祖，受成于學。出征執有罪反，釋奠于學，以訊馘告。」甲骨文「訊」字作等形，表現以口訊問雙手被困綁於背後的人犯。這段文字是說：要在學校舉行關於戰爭勝利的報告，並把抓來的戰俘及砍下的敵首獻上。學校是古代訓練軍事的所在，因此要在那裡獻馘。軍事成就是古代統治者最喜歡誇耀的政績。《逸周書・世俘》記載周武王克商後，曾向周廟舉行四次獻馘典禮。周王朝後來不但自己舉行獻馘，諸侯國獲得軍事勝利時，也被要求履行前來向周廟獻馘的義務。

把敵人的頭砍下來領賞，是古代各國的普遍行為，不是中國獨有的野蠻行為。《左傳・僖三十三年》記載，晉國的先軫不穿甲冑而進入狄人國界作戰，不幸敗戰而被割頭。後來狄人歸還他的頭，竟然顏面還如活著一般。這種習慣也反映於古代文字。甲骨文的「馘」字，就是代表頭顱的眼睛，被懸掛在戈上（）的樣子。頭顱過重不便多帶，所以對於不重要的敵人，只截取左耳做為殺敵的信徵。甲骨文的「取」字，是手中拿著耳朵的樣子（）。耳朵既能拿在手中，當然已被割了下

來。戰國時代，秦國鼓勵士卒殺敵，以斬首多寡定功論爵，無疑是學自甚為古老的習慣。殺敵是值得炫耀的事，以前臺灣原住民也有這種習俗：殺過敵人的勇士，才有資格在帽子嵌鑲海貝。這與配戴人頭玉飾，同樣是表達有過殺敵戰功。

戰國時代的銅殘片上的殺馘紋飾

跨領域治學：研究古代農業，破解甲骨文

整理完明義士的甲骨之後，我到多倫多大學東亞研究所攻讀，於一九七二年六月順利取得哲學碩士，也申請到加拿大國家學術院（位階等同中央研究院）每年提供幾名「教師進修博士」的獎學金。然而當時多倫多大學東亞研究所的博士班課尚未獲准開設，我陷入有獎學金卻沒有博士班可讀的窘境。我的論文指導教授史景成老師為我去找人類學研究所，該所有一位研究韓國考古學的山普教授，可以擔任我的指導教授。於是我就進入考古人類學系攻讀博士學位。

山普教授開了一門東亞考古學專題研究課，我以「中國農業的起源與發展」做為學年研究報告題目，從事農業相關研究。我設定研究中國三個農業區：華南、華北與東海岸，分別從年代、地理、氣候、工具、物徵等項目做綜合考察，我提出的論點是：約在一萬年前，中國華南地區最有條件發展自發的農業，後來氣溫急遽上升，華南不再適合人類居住，於是先民分別向華北與東海岸發展。山普教授認為論文寫得不錯，我的同事芭芭拉·史蒂芬女士也以我的論點，在芝加哥的一場研討會上與張光直先生辯論（當時學界普遍認為中原才是中國最早的文明發源地）。論文的要點納入我於一九八四年以後出版過五個版本的《中國古代社會》第五章「農業的發展與中華民族的形成」。

研究這個題目，讓我獲得許多農業方面的知識，連帶的收穫，是因而破解了一些與農業有關的甲骨文字的創意。例如「犁」字，甲骨文常見到卜問要使用何種的牛去祭祀，神靈才會滿意。

不同種類的牛，一般是以膚色分別，例如黃牛、幽牛、戠牛，但是犁牛卻是以功能命名的。甲骨文的「犁」字，最初字形（），後來合併成一字（），因為這種牛與耕作有關，就加上一個禾（黍簡成禾）而成現在的犁字。

犁的初形是如何表意的呢？這個字由兩個單位組合，是一把農地上翻土的犁把的側視形狀，下端是裝設犁刀的地方，上端是用手把握的地方。兩小點或三小點，是被翻上來的土塊。這個代表犁把的圖形，很像一般的刀。用刀切東西時，會把東西切成兩塊，而且分別在刀的兩邊。但是犁插進土中，挖出的土塊卻只能在犁的上邊。所以這個字只適合耕犁的操作現象。牛的種屬基本有兩大類，一是喜歡在乾燥的地面上行動，拉車的黃牛屬於這類。一是喜歡在潮溼的泥巴環境中行動，耕田的犁牛就屬於這一類。所以的意義是犁頭。是耕田的牛種。使用在牛的種類中就具有犁牛的意義。犁牛這兩個字經常連在一起使用成為一個詞，終於合成而為一個字，既代表犁把，又代表犁牛。後來的字形就消失了。

有些學者不相信商代已有牛耕，就說這個字的意義是「雜色」，因為人使用犁頭挖土，挖起來的土塊雜有乾草，顏色不純，所以有雜色的意義。以後再介紹可以證明商代已有牛耕的文字。商代已知道騎駕，又能役使大象工作，不可能不使用牛來拉犁耕田，所以犁的意義是拉犁的牛種。《說文》：「，耕也。从牛，黎聲。」這是依後代的字形所做的分析，不是很正確。

牛的力氣大，走路平穩，而且有耐力，能夠載重致遠，不但是老弱婦孺適用的交通工具，也是軍事、經濟上重要的運輸工具。所以《風俗通義．佚文》：「建武之初，軍役亟動，牛亦損耗，農業頗廢，米石萬錢。」意思是說，因為軍事行動需要用牛拉車運載軍需物資，以至於荒廢了農田耕作，使得農作收穫大減，米糧價格昂貴。所以在戰場上常有捕獲牛車。例如西周晚期的多友鼎，記載與游牧民族玁狁的戰役，第一次交戰就殺死二百多人，活捉二十三人，戎車一百多乘。再次交戰，又殺敵三十六人，活捉二人，車十乘。玁狁是善於騎馬的民族，車子不是做為戰鬥的工具，而是用來載運補給物資的。《史記．周本紀》也說周武王於克殷後，「放牛於桃山之虛，偃干戈，振兵釋旅，示天下不復用也。」古代如果沒有善用牛的負重致遠能力，就難以遠征、建立霸業。

對於平民大眾來說，牛隻的最大經濟效益是可以拉犁深耕。深耕可以縮短田地休耕期，提高農地利用率。牛耕可以加速土地翻整速度，減少工時。晚商時候的安陽，是人口比較集中的城市，需要較高的土地利用率，才足以應付眾多人口的糧食需求。

古埃及四千四百年前壁畫上的犁耕圖

根據研究，發展較早的古文明，出現依靠牲畜力量拉車和拉犁的時間是相近的，因為它們利用的原理是一樣的。埃及和蘇美人在五千五百到四千八百年前，已有構造複雜的牛耕拉犁。如以商代馬車製造精美的程度，可以合理推估，那時的車子已經經過一千多年的發展。商代知道用牛拉犁，應不成問題。先秦典籍，提及牛車遠比提及馬車少，但也不能因此認定當時罕用牛拉車。因為牛主要是用來載重，不是用來載送貴族階級出遊；牛車不及馬車威武、快速，因此貴族的文學作品裡就少見描寫牛車。

以下來看幾個與牛耕有關的字，包括：襄、旁、疇、留、喪。

襄：

【甲骨】

【金文】（）

【小篆】說文：，漢令，解衣而耕謂之襄。从衣，襄聲。，古文襄。

（八篇上）

- 甲骨字形作雙手扶犁，前有牛曳拉之，並激起灰塵之狀。
- 金文「襄」字裡雙手所扶的犁把都有犁壁。犁壁是連續拉犁才用得著的裝置。
- 說文所列兩個字形，小篆是形聲字，古文則是自甲骨文演化的表意字。
- 戰國時代中山國的方壺，「亡有襄息」的「襄」字作車襄聲，「襄」字把甲骨的動物形象換成牛字，更確定甲骨文「襄」字的動物是牛。

旁：

【甲骨】

【金文】（）

【小篆】說文：，溥也。从二闕，方聲。，古文旁。，亦古文旁。，籀文。（一篇上）

• 有犁壁之犁形，刺起土後並往兩旁推開，為拉犁而設。犁壁是平版型，適宜生地使用。

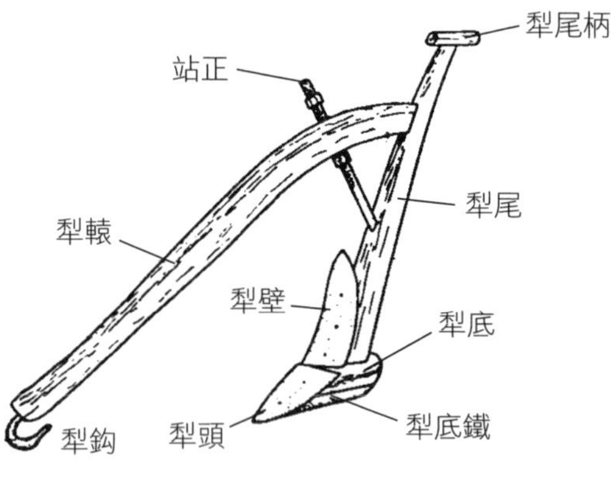

耕犁的結構圖

疇：

【甲骨】

【金文】（）

【小篆】說文：，耕治之田也。从田、疇。象耕田溝詰詘也。，疇或省。（十三篇下）

- 被拉犁翻起之耕土呈曲卷形，是熟田的形象。

留：

【金文】

【小篆】說文：，止也。从田，聲。（十三篇下）

- 金文的「留」字形是一塊田地旁邊有個彎曲的事物。創意來自農田旁築有木柱防護堤的水溝（參見下頁圖），這些水溝用來積留雨水、灌溉田地，所以有積留、停留、留下等相關意義。

• 說文解釋為形聲，應是錯誤的。

喪：

【甲骨】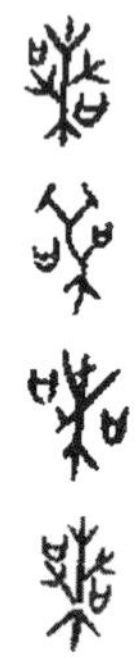

【金文】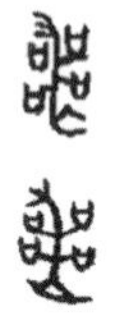

• 甲骨文形構是一株桑樹，樹枝間有二至四個不等的口。口在喪字是籃子的形象，創意來自採摘桑葉的作業，桑樹的枝椏間懸掛著多個籃筐，方便收集桑葉。

• 金文字形訛變，使桑樹的根部看似亡字。很明顯，亡部分是桑樹根

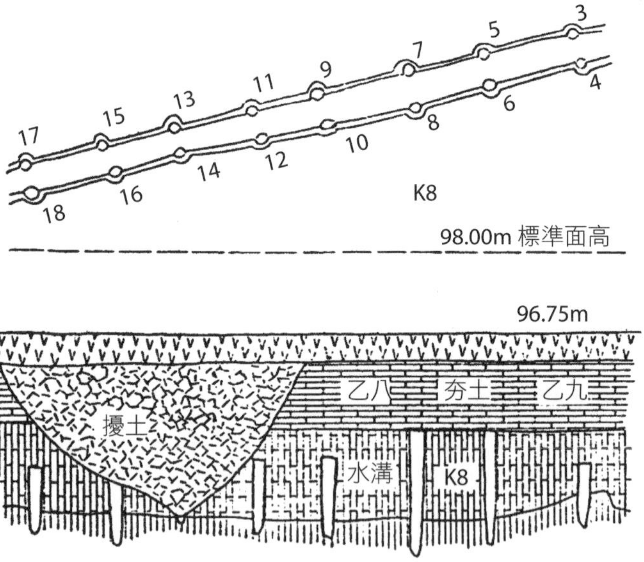

商代水溝段落的鳥瞰圖

部的訛變，而非原本充當聲符用的。亡的音讀為武方切，聲母屬唇音的微母。由於許慎誤認，使得有些聲韻學家以為「喪」字是中國古代有 sm 複聲母的證據。

考古人類學的視野擴展了文字學研究

進入考古人類學系後，我的閱讀範圍與視野都擴大了。除了博物館絕對必要的考古學之外，也開始參考民俗學書籍。我讀到臺灣南勢阿美族的創生神話，敘說有一對兄妹是日神與月神的第十五代子孫，他們共乘一個木臼逃避洪水而漂流到臺灣，發覺自己是僅存的人類，為讓人類能繼續繁衍，他們只好結為夫婦。但是礙於兄妹不許接觸腹部與胸部的禁忌，一直不敢發生夫妻關係。有一次哥哥獵到一隻鹿，剝下鹿皮把它晒乾，並在上頭挖了個洞。如此兄妹的身體就可以用鹿皮隔開，不破壞禁忌而達到交配繁衍的目的。就這樣，他們所生的子女分別成為許多部族的祖先。

我發覺這個故事和漢族的伏羲、女媧傳說有很多相似點：都與日和月有關係，都發生在洪水之後，故事主角都是兄妹兼夫婦，鹿皮是遂成婚姻的重要媒介，都與蛇有關。而從語言演變的觀點，伏羲和故事主角，他們的名字屬於同一個演化系統。我認為阿美族的傳說最接近事實，也合理解釋了鹿皮在婚禮的作用（誤以為表示男子有捕獵的謀生能力），因此寫成〈鹿皮與伏羲女媧的傳說〉，發表在《大陸雜誌》五十九卷二期。是我探討民俗的第一篇文章。

漢代畫像石上的伏羲和女媧的形象。

漢代畫像石上的圖案，伏羲與女媧身旁的兩股煙即將結合在一起。

古代可能有一字讀多音節的線索

任職於中國歷史博物館的張政烺以為，在商代之前，中國文字有可能有一個字讀兩個以上音節的現象。因為甲骨文的「風」字原先借用鳳鳥的形象表達，後來加上凡的聲符以為區別（），但是偶有加上兄的聲符（），所以懷疑在更早的時代，中國的語言也是複音節的，後來才變成單音節，風字的兩個標音就是其孑遺。

我曾經研究，漢族傳說中的伏羲和女媧，就是來自臺灣高山族的創生祖先，piru karu 與其妹妹。據周法高的擬音（《漢字古今音彙》），伏羲的先秦讀音約是 bjwak xiab，與高山族故事的主角 piru karu 的第一個音組的 p 同屬唇音，x 與第二個音組的 k 同屬喉音。伏羲在中國也有風姓的傳說，而甲骨風字的兩個標音，凡與兄，也正好一為唇音，一為喉音。先秦音讀，絕大多數的字有輔音韻尾，有可能就是受一組的第二個音節的影響。還有，一些雙音節的詞彙，如解廌（又作解豸）、倉庚、忍冬、蜈蚣、蝴蝶等複名詞，都有可能是古代多音節語言的孑遺。

解廌是東周以來漸成神話的動物，被理解為似鹿而一角的神物，有解決訟案的能力，並且看作吉祥的象徵，常見為吉祥裝飾圖案中的題材。甲骨文不但有「廌」字，作高大的平行長角的羊類動物形（），有被獵獲的紀錄，膚色為黃色，且有多字以廌為結構的一部分。

如甲骨文「慶」字，是以廌與心的組合（）。漢代的字書《說文解字》，以為慶字和古代以鹿皮為結婚時納徵的禮物有關。這是字形訛變後的一種誤解。很可能古人視解廌的心臟為美食或有特殊的藥效，所以以獲得時可資慶祝表意。

另有一「羈」字，作廌的雙角被繩子綁著之狀（）。羈在甲骨刻辭的意義為傳遞信息與物資的驛站。想來古代還以之拉車，後來改以較快速的馬，所以字形也改從馬。

金文「薦」字作廌在眾草之間，創意是解廌所吃的草料是編織薦子的好材料（）。

沙拉獸
又名索拉羚、中南大羚，
現為極危物種，
僅分布於越南和寮國邊境。

金文「法」字，以廌、去、水組合（），創意是解廌用角碰觸訟案中有罪的人以去之，執法公正如水之保持平準。

古代利用動物幫助判案，絕不是附會的解釋，越南古時也有借用老虎判案的習俗。我們長期以來以為廌是想像的神獸，然而在博物館工作時，我接待過一位北越的官員，他給我看一張照片，說是與美國作戰期間，才首次在越南密林中發現這種名為「沙拉（soala）」的大型哺乳類動物，牠的頭上有一對平行長角，身軀如羚羊，毛色棕褐，正是「廌」字所描繪的對象。

原來，中國在七千年到三千五百年前，年平均溫度比現在高攝氏兩度。後來氣溫下降，甚至低到比現今還低攝氏兩度。有些喜熱的動物不能適應氣溫的下降，就被逼南移而致最後不見於中國，如象和犀牛也是古代在華北大量生息過的，現在都已不見了。可能因為「鷹」字的字形演變，使得頭部與有歧角的鹿相似，（小篆：鷹、鹿），而被誤以為是不存在的神獸。

又如甲骨文的「彔」字（），作汲水的轆轤的形象，假借為山麓，而後世以轆轤稱之，也有可能是古代一字讀多音節的現象。

又如「郭」字（）的字形，也是單體的象形字，字形是一座城牆、四面有看塔的形狀。在金文，這個字使用為「郭」與「墉」兩個音讀不同的字。

還有，少數的形聲字是由兩個不同韻部的字組成，也有可能一個代表前一音節，一個代表後一音節。例如意義為今日之後的「昱」字，甲骨第一期時假借描寫鳥類羽毛的「羽」字去表達，第三期時增一以羽與立合成的「翌」字（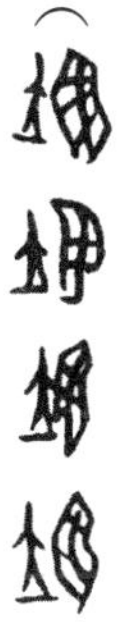

），「立」顯然是充當聲符。但是根據周法高的擬音，先秦時羽屬魚陽部，音如 vjwav。立屬緝侵部，音如 liəp。昱屬之蒸部，音如 vriwəv，三字都不同韻。此字的演變，從羽到翌再到昱，想來從商代到兩周，語音已有了變化。羽的聲母與昱同，翌與昱不同類，其變化的途徑較難從 v 到 l 又回到 v，故有可能 v 與 l 分屬昱語音的第一與第二個音節。

從古代國際間的貿易交流，似乎也可推論中國語文有類似多音節的現象。有一幅西元前十六世紀的埃及壁畫石刻，描寫東方的港口正在上貨，其上有多處的聖書體銘文。在船上方的文字，說明所載的貨物是各式各樣的奇珍與香料。根據 James Henry Breasted 的翻譯，「The loading of the ships very heavily with marvels of the country of Punt; all goodly woods of God' s-Land，heaps of myrrh-resin，with fresh myrrh trees，with ebony and pure ivory，with green gold of Emu，(mw)，with cinnamon wood，khesyt wood，with ihmut-incense，sonter-incense，eye-cosmetic，with apes，monkeys，dogs，and with skins of the southern panther，with natives and their children. Never was brought the like of this for any king who has been since the beginning.」（《*Ancient Records of Egypt*，*Historical Documents*》頁 109）其中有桂木（cinnamon wood，khesyt wood）。

據原註，khesyt wood 是種製香料的甜木。埃及的桂木是個象意字，意為磨粉的樹。銘文對所載的品物，不同的類別前都帶有 with，此 khesyt wood 之前無 with，很可能就是其前象意字桂木香料的讀音。

表意字後來為了方便音讀而加上音符，中國也有相同的例子，例如耕田的「耤」（），甲骨文作一個人推著一把犁在耕地的樣子，後來的金文就加上一個昔的聲符（），現在簡化成為「耤」。桂木的植物學名是 Cinnamomun cassia auct. family Lauraceae。在西元前十六世紀時爪哇人控制其貨源，他們以丁香交換中國的桂皮，然後銷到西方的非洲及西亞。植物學名的桂木 cassia 來自北阿薩姆 Assam 語的 khasi。它應來自原產地的語言。爪哇人所販賣桂皮的原產地是中國今日的兩廣地區，桂的廣韻切音是古惠，擬訂的上古音是 kwev。Khasi 有 ks 兩個音節，表示原產地的語言，此物的名稱該有二個或更多的音節。因此中國桂的上古

音的韻尾v可能是第二個音節的遺留。筆者向教聲韻學的同事請教，桂的音讀也可能受s的影響而變成第四聲。

以上幾個例子，雖只是蛛絲馬跡，但一個字讀兩個音節並非絕不可能。畢竟，就目前所知，起碼在西周之後，儘管一個字有時可在不同的時機讀不同的音，代表不同的意義，但每次也只能發一個音節。所以不但句子的字數可以等長，連音節也等長。還有，中國的語詞，由於音節短，為避免混淆，更使用聲調加以辨別意義。如此一來，句子的字數、長度既可以一樣，音節也可以等長，甚至平仄的節奏也可以要求一定的模式，從而發展成律詩、詞曲、對聯等講求平仄聲調的特殊文學形式。同時也由於單音節的原因，音讀相近的字就多了起來，導致古代多用假借字的現象，同時也發展了謎語、歇後語一類的文字遊戲。連帶繪畫的題材也受到影響。如年年有餘（魚），子孫連甲（蓮、鴨），吉慶平安（戟、磬、瓶），三陽開泰（羊），耄耋延年（貓、蝶），福祿雙全（蝠、鹿、葫蘆），馬上封侯（馬、猴）等圖案，都是應用音讀的假借原則。

在博物館服務期間，我也與紐約大都會博物館的「寫作冶金史」單位有業務來往，對於冶金方面的認識因而比一般人豐富，從而發現甲骨文可以反映古人的寶貴知識。有了冶金知識之後，這才領悟古代在深坑中鑄造器物的原理。挖掘坑洞是中國冶鑄業的特點。把熔解的銅液倒進型範是青銅器鑄造的最後一個步驟，也是最困難的所在，關鍵在於是否能使鑄得的作品成功而又精良。以前讀石璋如院士的商代鑄造工藝文章，講述商代後期的首都安陽地區發現很多坑陷，坑陷內有型範殘片，但都不知道理何在。我因為和冶金技術的科學研究者有認識，所以領悟到甲骨文的「吉」字，便是呈現古人在深坑中鑄造器物。今日的科學實驗，於澆灌銅液以後，如果讓型範冷卻得太快，銅與錫的整合就亂七八糟，不規律，如下頁圖一所示（深色的部分表示銅，淺色的部分表示錫）。

如果慢慢冷卻，可以使得銅與錫的合金成分充分整合如樹枝狀（下頁圖二），就可使得銅鑄件的表面光滑無氣泡。這是人們想要的良好銅器。

銅錫融合（一）

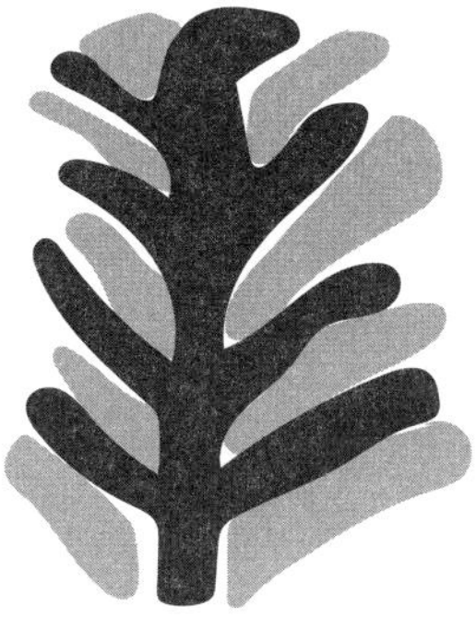

銅錫融合（二）

甲骨文的「吉」字（），早期作一個深洞中有一個型與範已經套合的樣子。之後字形慢慢規律化，把深洞寫成如口的淺坑（），接著再把型與範的形象更為簡略（）（），終於成為金文（）與小篆（）的字形，這就很難猜測是表現冶金的經驗了。銅器於穴洞內澆鑄，等待熱液慢慢冷卻，才能得到表面光滑的好鑄件，因而有良善的意思。這個情形充分表現商代的鑄銅工匠已經了解，如果在平地上澆鑄，熱氣容易被吹散，銅液很快就冷卻，如此一來就得不到良善的鑄件。如果在深坑中澆鑄，熱氣不容易散開，就可以得到精良的成品。這是有了顯微鏡以後才能觀察得到的細節，商代不可能知道銅與錫的成分慢慢整

合的作用。但他們起碼知道要在這種條件下才能得到精良的鑄件，所以才以之創造出有「精良」、「吉善」意涵的吉字。如果沒有這個甲骨文字形，我們怎麼能夠知道商代的工匠已經具有這種知識，而且可能是已相當普及的知識呢？

吉：

【甲骨】

【金文】

【小篆】說文：，善也。从士、口。（二篇上）

• 甲骨字形上為泥土模與範套合形狀，下為土坑。表現冶金的經驗，銅器澆鑄後置於坑

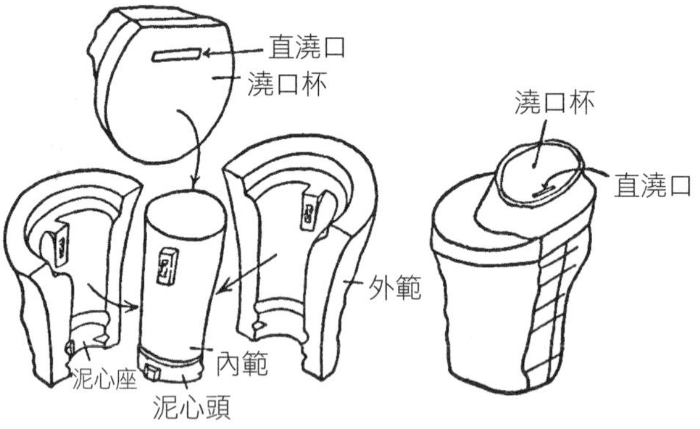

青銅鑄造的多片範合範的示意圖

穴內，等待慢慢冷卻，才能得到光滑的好鑄件，因以創造良善的意思。

向大眾介紹古文字學

投入甲骨文研究之後，愈發體認到：文字是為了方便人們的生活而創造，若要讓他人懂得你創造出來的文字，最好是借助大家都有的經驗。因此我開始更注意字形如何表達字義，漸有心得。某一年，多倫多大學的新政策是依選課人數核撥經費給各系所，因此系主任要求教授們多開一些具趣味及通俗性的課程，希望能吸引更多大學部學生選課。從那時開始，我便認真構思如何將甲骨文以有趣、易於理解、與生活結合的方式，介紹給大眾。

漢字與其他古老文明的文字，都起源於圖繪。象形文字可以反映創字時代的生活環境、使用的工具、生活的方式、處理事務的方法和思想概念。若想探求古代社會的具體情況，透過分析古文字，往往可以獲得一些訊息，甚至得到莫大的啟示。我已經發現甲骨文有不少與日常生活有關的訊息，因此，介紹漢字的創字與字義時，我會配合文獻及地下發掘的考古材料，並結合人類學的知識來解說。選擇有趣的題材，以淺易的方式說明，並討論相關的時代背景，可以提高不以考古或歷史為專業的學生學習中國文化的興趣。尤其中國古代文字的創造以表意為主，不但字數多，涵蓋範圍也遠較其他古文明廣泛，不難找出足夠的象形文字，規畫各種主題，做為一學年的講課材料。

這門課剛開始時（一九八〇年）學生只有十二人，華裔、洋人各半。由於學生不熟悉中國古代歷史文化，要吸收有關的人名、地名、文獻資料，對他們而言都有難度，於是我就把自己備課的筆記發給學生，讓他們更容易學習與理解。幾年後，講義遞增，有成為專著的模樣，便於一九八四年出版成書（《*The Writing Word in Ancient China*》，臺北藝文印書館），省卻每年為複印教材而忙碌。最初講課的主要對象是非華裔學生，不想開課一兩年後，華裔學生遠超過加拿大本地生，選修人數也跳到五十、一百、兩百，但我都限定收三十五人，一直教到一九九六年離職。這門課的教學內容和講述方式，似乎頗適合華裔學生，我心想，說不定也適合國內學生，因而探詢出版中文版的可能，並於一九八八年出版《中國古代社會》（臺灣商務印書館），不久，韓國的洪熹先生譯成韓文，（一九九一年，東文選出版）。一九九三年，韓國嶺南大學中國研究室也集體合作將這本書譯成韓文，由該校出版。

中文版出版之後，材料陸續增補，有些看法也更為成熟，於是一九九五年出版修訂版。之後有位香港學生的家長取得我同意，出版了第四個文本的英文修訂版。二〇〇七年北京中國人民大學認為值得介紹到中國，於是稍加修訂，出版了簡體中文版。二〇一三年臺灣商務印書館又再次出版新的修訂版。想不到這本一時起意出的書，共有兩個英文本、四個中文本、兩個韓文譯本。

自加拿大返臺任教後，除了甲骨學以外，中國文字學也是我授課的重點之一。因為我對古文字有許多新的認識與見解，所以教文字學的方法也與大部分老師不同。我在大學時期就常對《說文解字》的解釋感到疑惑，隨著年歲增長，知道《說文解字》所據以解說的字形，因為流傳時代久遠，字形常起訛變，以至於常有解說不清的狀況。若要真正了解一個字的創意，根據愈早的字形愈適當，最好儘量依商周時代的甲骨或金文的字形來解說。尤其是我已領悟到，早期的文字創意多與古人生活經驗有關，因此我會根據我研究的古人生活的觀點去做解釋，不太糾纏於舊的說解，我編寫的教材就以《簡明中國文字學》（北京，中華書局，二〇〇九）表達旨意。有人說這是新文字學，因為我的說解和《說文解字》太不一樣了。我相信個人的經驗總有不周全的地方，但我秉持的原則，就是往合理的方向去思考。

第二講

趣說文字的前世今生

常有人問，中國文字究竟是何時開始創造的？又有多少年的歷史？第二講首先就來談談我在這方面的研究心得。

從考古學觀點 探討漢字體系何時形成

甲骨文有個「郭」字（），最早的字形應是一個四面有看塔的圓形城樓建築形。由於商代使用窄長的竹簡做為書寫的載體，所以就省略了兩邊的看塔。這個字形在金文也做為「墉」字使

用。「郭」字著重表達城的範圍，「墉」字著重表達城牆。

關於城周的形狀，目前所發現最早的城牆建築，要推河南鄭州北郊西山遺址，興建於仰韶廟底溝類型的時代，而廢棄於秦王寨類型的時代，年代約在距今五千三百年前至四千八百年前之間。其平面略呈圓形，與甲骨文所描寫的形象一致。但是較大量的早期城牆都建於龍山文化晚期，諸如山東章丘城子崖、河南登封王城崗、淮陽平糧臺等，而其平面都是方形。甲骨文因刀刻不便畫圓的緣故，大都把圓形的東西刻成矩形。因此甲骨文的（墉、郭）字既然以圓形的形狀表示，就表示創造文字者所見的城周是圓的。雖然商代已不見圓形輪廓的城，字形應是保留了古代所見的正確形象，創造文字的時代應是方形城周的時代之前，可能早到五千年前的仰韶廟底溝類型，至遲也不晚於大量修建矩形城牆的龍山文化晚期。

接著看「酒」字。甲骨文（），字形是一個酒壺以及濺出的三滴水滴。說得更清楚些，裝在這種容器裡的液體是酒，以別於其他液體。裝酒的容器顯然是一個窄口細長身的尖底酒罐形狀，後來

的字形才漸變為平底形。商周遺址出土的文物，裝酒的大型容器都是平底的。

根據酒器始見的時代，一般認為中國在龍山時代開始釀酒。也有人以為可以早到六千年的仰韶文化。「酒」字的容器形，大致與仰韶文化高四、五十公分的窄口細長身的尖底瓶同形狀。唯一的差別是尖底瓶常有兩個半圓鈕以便繫繩搬運。「酒」字裝酒容器的部分是「酉」字，《說文》酉字的古文字形，就是反映尖底瓶的兩個半圓鈕的形象。由於一般認為龍山時代才開始釀酒，認為仰韶的窄口尖底瓶是盛水器，因此不會以之與酒字的創意加以聯想。但是在加拿大皇家安大略博物館舉辦的西洋酒文化特展中，我赫然發現古代從歐洲運到北非的葡萄酒，盛裝的容器竟然和仰韶文化西王村類型的尖底陶器絕似，其輪廓和酉的字形一模一樣。窄口是為防止液體外洩，細長的瓶體是為便利人們或家畜背負，尖底是為便利用手持拿或傾倒。為此便利，尖底有時做成柄狀，有如甲骨文「稻」字（），裝米的罐子底下有長柄的一形。稻米是華南的產品，連株帶穗運到華北將增費用，因此只取其顆粒裝在罐中。當時大概以牲畜載運，一如歐洲的葡萄酒，採用細長的罐子，長柄則是為了持拿傾倒方便。透過該展覽，可以聯想到這種尖底陶器在廟底溝以後的文化遺址中不見或

小口尖底雙繫梳紋彩繪紅陶瓶
高 46.2 公分，半坡文化，
6000 多年前。

很少見，可能與水井開鑿有關。

在更早的年代，水要從遠地的河流運搬回家，所以在裝水的瓶身上面加兩個圓鈕，以便繫繩背負。後來有了牛馬家畜，可以靠牠們背負而不必用鈕繫繩，一如游牧民族的遼、金時代，製有超過半公尺高、方便以馬負載的細長身陶罐，以作裝運酒之用途。往後人們在住家附近鑿井，就不用從遠地運來，也不再需要這種造形的水器了。商代也有了牛車，就不必用尖底陶罐來運送貨品，所以也見不到這種樣子的陶器。

商代的「酒」字與「稻」字既然描繪的是廟底溝文化類型以前的造型，則和城郭的圓形輪廓一樣，應是創始於四千二百年前以前才有的事物。

下圖這件器物的造型很特別，器身為深腹圓角方形，身下中空方形器座為燒柴火之處，正面有兩扇門，右扇門扉上有一個右腳受過刖刑的守門人形象，兩扇門上有栓可以開闔。這件容器的功能為燒煮食物是絕對沒有疑問的。像這類容器，一般是下面有幾條支腳，圓的器三足，方的四足。器足是實體的叫鼎，呈袋形的叫鬲。這件的器足部分是封閉的，故稱之為鬲。另一件西周中期的燒煮器，已有類似的刖足守門人造型，它是在封閉的爐子下又有四支實心的腳，故稱之為鼎。

刖足奴隸守門青銅鬲
高 13.5 公分，口長 11.2 公分，
寬 9.2 公分，
西周晚期，西元前九至八世紀

這兩件銅器的裝飾主題反映了中國古代的刑法制度。甲骨文的「刖」字（），作一手持鋸鋸掉一人腳脛的樣子。商代的甲骨刻辭，曾有向一百人動用刖刑的卜問。《左傳．魯昭公三年》記齊景公時太多人受刖刑，以致國之諸市，屨賤而義足貴的反常現象。刖刑在周代是五刑之一。根據《尚書．呂刑》，違犯刺墨之刑的有一千條文，割鼻之刑一千條，斷腳之刑五百條，去勢之刑三百條，死刑二百條。條文之繁縟，令人不寒而慄。其實，在五刑之外，古代還有刺瞎眼睛之刑。

甲骨文的「臧」字，作一豎立的眼睛被戈刺割之狀（）。瞎了一隻眼睛的俘虜，沒有太大的反抗能力，只好順從主人旨意。對主人來說，順從是奴隸的美德，故臧有臣僕和良善兩種意義。甲骨文的「眢（ㄩㄢ）」字，以眼睛與挖眼的工具表意（），受刑後獨眼的視力較差，所以意義是目無明也。甲骨文的「民」字則作一隻眼睛被針刺瞎之狀（）。「民」的意義本是犯罪的人，後來才被轉用稱呼平民大眾。金文的「童」字作一隻眼睛被刺紋之刀所刺瞎，以及一個聲符「東」（）。不知是因刺瞎眼睛的辦法太過殘酷，還是另有其他的缺點，以後就廢止了。

人要過團體的生活，才能與動物、植物爭奪自然的資源。於是期望大家都遵循一定的生活習慣和準則，違法的就要接受處罰，以達到社會安寧、不生糾紛的目的。初時的懲罰，可能只是剝奪參加某種活動的權利、少許的肉體痛苦，很少是要傷害身體，使之有永不能消失的肉體創傷。

隨著社會進步，組織擴大，法規也就越繁雜，規制越嚴厲。尤其是生產的效率也提高了，有餘力提供他人的需求，於是逐漸產生強迫他人從事生產，創造財富的念頭。人們就想出了透過刖足這種永久性肉體創傷，不太妨害工作但能減低反抗能力的方法。對罪犯來說是種警戒與寬恕，若以之展示於公眾之前，則可收震懾之效。《漢書．刑法志》說：「禹承堯舜之後，自以德衰而制肉刑，湯武順而行之者，以俗薄於唐虞故也。」夏禹時代的龍山文化，墓葬就發現有受過截腳之刑的人，具體反映社會規制的加強。它說明國家的建立與嚴厲刑法的推行有聯帶的關係，是社會演進的必然趨勢，與風俗厚薄無關。

鏡子是人們懂得裝飾自己以後經常要使用的東西。它是利用光線反射的原理，達到看見自己影像的目的。靜止的水面也是可用的反射物。遠古的人們，在河邊溪旁汲水捕魚時，相信就發現了這種現象而加以利用。等到陶器發明後，就有人以水盆盛水、照容，不必再出門去了。所以鏡子起先叫做「鑒」，其字的原形是「監」。甲骨文的「監」，就作一個人彎腰向盆子裡觀看映像之狀（）。

以水盆映照容顏雖是不花費的辦法，但映照的效果並不很好，而且也不能隨身攜帶。所以當人們能夠鎔鑄金屬後，就嘗試鑄造銅鏡。考古證明，中國於西元前兩千年的齊家文化就已有銅鏡，直徑為九公分，厚零點一五公分，表面平滑，背部有圖案裝飾，且有半圓的鈕可以穿繩持拿，與後世的形狀相同。銅在鑄造的初期是昂貴的材料，而鏡子不是維生所必需的，所以鑄造的數量非常少。戰國時代，鐵兵器替代銅兵器，有多餘的銅可鑄鏡子，所以存世非常多。大的要放在架子上使用，超小型的不到三公分，讓女士們放在皮包中，隨時可以拿出來顧盼整妝。

鏡子是種近距離觀看的東西。鏡面平，則映像與物形同大。鏡面凹，則映像比物大。凸鏡則相反，映像要比物形小。銅是質量重而價昂的物質，為了使用方便與省費，最好鑄得小些，也就是要鑄成凸面，才能在較小面積內把整個臉照進去。這種球面與映像之間的關係，從文獻可知戰國時期的人已有所了解。但要到漢代，鏡面才普遍鑄成凸面，可以推測人們這時才普遍領會球面反射的原理。

青銅的合金成分，與其呈色和性能有一定的關係。錫的成分遞增至四成時，呈色就由赤銅、赤黃、橙黃、淡黃而變至灰白。白色的反光效果雖較好，但錫佔四成以上，質料就太脆而不宜使用。為了解決這種矛盾，古人就以大約是三成的錫去鑄造銅鏡，然後用錫與水銀的溶劑摩擦開鏡，這樣鏡子的表面就會吸收很多的錫而呈白色，可以增加反射率，加強影像效果，並使鏡面光亮。以後也偶爾要以同樣的方式加工磨鏡，所以也有了磨鏡這種行業。其映象的效果和今日的玻璃鏡子相差不多。埃及在四千五百年前已有以金、銀製作鏡子的例子。銀可反映百分之九十五的可見光線，是古代最好的製鏡材料。中國金與銀的產量太少，不足用來鑄鏡，古人便想出了這種讓銅鏡變白的方法。

左圖這面鏡子鑄得實在不精美，厚度零點二公分，也太薄弱了，背面的紋飾作多圈的放射紋，也沒什麼美感。鏡周也沒有修磨得渾圓。看起來不像是高價位的產品，但它卻是出自隨葬有七百五十件精美玉器，四百六十件青銅器與六千八百枚海貝，商代赫赫有名的婦好五號墓。墓主不是沒有財力鑄造精美的銅鏡，而應看作是那時代還不重視鏡子的鑄造，所以會以如此不精緻的成品隨葬。

圈放射紋青銅圓鏡
圓徑 11.8 公分，厚 0.2 公分，河南安陽婦好墓出土，商代，約西元前十四至十一世紀。

青銅執燈墓俑
高 26.7 公分，現藏加拿大皇家安大略博物館。東周，西元前五世紀。

上圖這件執燈墓俑，早期在博物館學界相當有名，除了此文物保存得非常完美，臉孔表情豐富外，有穿衣服的完整人形立體塑像，在早期的文物群中是非常少見的，此人還佩戴一枚琵琶形的帶鉤，都是研究戰國衣制的重要實物材料。

此人兩手向前平伸內彎，手指交叉地把握住一個圓管。管子上下穿通，顯然是為穿過某東西設計的，最可能是油燈或香爐，以文物的年代推測，所舉的較可能是燈盤架。山西長治出土的牛尊立人擎燈，也設計成以圓管撐燈的形式。僕人掌燈的形象，可說是戰國至漢代常見之物，推知此人身分是奴僕。

再來看形貌。此人臉龐寬大，容貌清秀，兩眼很有精神的前視，嘴巴閉著。頭戴一頂小帽，帽上有圓形的裝飾物，下端還附有繩子，經過兩耳前而在下頷繫緊。身穿交領右衽的單薄長袍，和秦、漢陶俑常見的內有厚重內衣的形式很不同，它可能是室內的穿著，或是夏季的服裝。束衣服的寬皮帶，繫有早期形式的琵琶形帶鉤。帶鉤是為了佩戴重物而設，主要作用並不是束衣。戰國時代就出現幾個束衣帶之上還佩帶附有帶鉤的革帶人像，可見革帶之內大概還隱藏有繫住衣服用的窄絲帶。

動作方面，此人赤腳，腳掌交叉地跪坐在小腿背上，下面的底座有可能是表現坐在小席子上。甲骨文就有一個字，作一人跪坐在席子上之狀（）。鞋子本來是貴族為方便赤足進入神聖殿堂行禮而臨時穿用的東西，到戰國時代，不但已演進為一般人所穿用，更有人穿襪子。某些場所若不脫鞋襪，在當時會被認為是大不敬的行為，尤其是饗宴的場所。如《春秋》哀公二十五年，「衛侯為靈台于藉圃，與諸大夫飲酒焉。褚師聲子襪而登席，公怒。辭曰：『臣有疾異於人，若見之，君將殼ㄎㄜˊ（吐）

之，是以不敢。』公愈怒。大夫辭之，不可。褚師出，公戟其手，曰：『必斷而足。』」衛侯咬牙切齒，不接受褚師腳有病的解釋，誓言要砍斷褚師的腳，可見嚴重的程度。《禮記．少儀》記載「凡祭於室中、堂上，無跣。燕則有之。」在堂上行禮要求優雅，故需穿襪子。飲宴則講求舒服，所以脫去鞋襪。可想見此人正在為某次宴會服務。

為讀書、寫字的人提供照明服務時，大都是以跪坐姿勢把小燈放置頭上以求穩定。甲骨文的「光」字，作一跪坐的人頭頂上有火焰之狀（）。火焰不能用頭頂著，頂著的必是燃油的燈座。漢代陶燈就有這樣的造型。如果是為多人的宴會掌燈，就要把燈盤放得高，燈蕊做得大，才能照得遠，照得亮。要達到這樣的要求，就得使用長柄的燈架，放在地上，用手把握住。看此人的上身有點前傾，就是聚精會神把握住燈柄的寫實描寫。

豆是中國古代進食用的器具名，基本造型是有高柄足的深腹圓盤。它是為了配合跪坐的習俗而設計的。豆在中國新石器的時代，比較是東方系的器物，起碼可以追溯到四千年前，以陶製為主，應該還有很多竹、木等材料，都腐化不見了。到了商代，開始有以銅鑄，但是數量不多。

下圖這件銅豆，通體裝飾錯金的勾連幾何形花紋，而且打磨光亮，器內口沿還嵌鑲綠松石。在戰國時代，黃金和綠松石都是貴重的材料，應該是高級貴族才能享用的器物。豆起先無蓋，到了戰國，高級的銅豆就普遍有蓋。這個銅豆的蓋子可倒置而另成一件容器，鈕就成為足。柄足的底部是平的，有些則為透空。有的還在器身近口沿處設兩個環耳以便提拿。

嵌鑲黃金與綠松石的幾何紋青銅蓋豆
高 23.5 公分，加拿大皇家安大略博物館藏。
東周，約西元前 400-300 年。

豆是進食之器，文獻有徵，《詩經．小雅．賓之初筵》：「賓之初筵，左右秩秩。籩(ㄅㄧㄢ)豆有楚，肴核維旅。酒既和旨，飲酒孔偕。」意思是賓客開始就席，左右揖拜很有秩序。籩豆很鮮明，菜肴很豐盛，酒溫和而甘醇，飲的人都很盡興。食器只提及豆。戰國銅器上的飲宴圖紋，也以豆進食。商代甲骨文的「豆」字，作無蓋之豆形（），不少字以之構形，如「卿」字就是兩人跪坐面對面隔著一件堆滿食物的豆進食（）。那是貴族應有的飲食禮節，用以表達卿士、饗宴、面向等意義。

甲骨的「即」字（），作一個人即將進食就位的動作，表達用食就位的狀況。「即」字是一種時態，是一種抽象的意義，表達將進行某一件事情的狀態。借用進食之前的動作來表達所有即將發生的狀況，這是造字常用的方式。在日常生活中，經常有一件事是已經做了，完成了，這也是一種抽象的時態。甲骨文的「既」字（），就是在食物之前，有一位跪坐進食的人，張開嘴巴或背對食物的樣子。由於這個字用於表達完成了某種工作，或在以前已經發生過的時候，因此可以推理，這個字是使用張開的嘴巴表達已經用完餐了。也許這是古代中國人的習慣，用完餐後張口而頭轉向旁邊，表示已用完餐，可以讓服侍的人員撤去餐具。或甚至是在表示碗裡的飯已經用完，想要再添飯的意思。正式的餐宴總是有人服侍的，用餐的人跪坐不動，享用面前的菜餚。如果要吃擺放在較遠處的餐點，就要有人服務。記得日本人用餐，如果不想再添加飯，就把碗裡的飯完全吃盡，否則就留一些飯在碗底。服侍的人員就會了解而前來添飯。

古代貴族非常重視禮節。這些貴族才用得起的錯金銀、嵌鑲綠松石銅豆，或刻鏤塗繪朱黑色的漆木豆，都配有蓋子。可能其主要的功用不在於保持食物的溫熱，而是與當時的飲食禮儀有關。先秦文獻談及宴會時有傲氣、不愉氣、失位、失坐、失態等等種種失禮的行為，用食時的儀態也一定會講究的。甲骨文的「次」（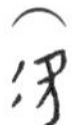）字，作一跪坐的人張口而有東西濺出口外之狀。《論語．鄉黨》有「食不語」之句。想來次字表現吃飯時說話，以致唾沫或飯屑噴出口外。這是不被嘉許的行為，故有次等的意義。

《禮記．曲禮上》提到毋放飯（打算入口的飯不要放回食器）、毋吒食（咀嚼時不要發出聲響）、毋嚙骨（不要啃骨頭）、毋反魚肉（吃過的魚肉不要放回去）、毋投與狗骨（不要把骨頭投給狗啃）、毋固獲（不要專吃某樣東西）、毋揚飯（不要挑起飯粒以散熱氣）、毋刺齒（進食時不要剔牙齒）、毋絮羹（不要自行調和羹的味道）等等很多飲食禮儀的守則。要做到毋放飯、毋反魚肉、毋投與狗骨，就要有容器暫時盛放吃剩的渣餘。豆的蓋子設計如容器的形式，很可能就是為了放渣餘用的。商代卿士雖然講求對坐進食的禮節，銅豆也不見有蓋子，想來還沒有講究到這種地步。

統合多種科學的綜合考察，一萬年前地球的氣溫，其年平均溫度比現在低了約有攝氏五度之多。那時華北太冷，而江南卻頗適合從事農耕。湖南道縣玉蟾宮遺址曾發現經科學鑑定，超過萬年的栽培稻穀。但九千年前開始，全球氣溫卻急遽上升，持續有幾千年之久，年平均溫度竟比現在高了二度，以致華南太過炎熱，不再適宜居住及發展農業，人們乃北遷至華北的河南、河北一帶，並順應區域的條件，把華南的稻作農業轉為小米耕作。

對於一個農業社會，沒有什麼比經過長期辛勞耕作，終於可以收穫，使得一段時間的生活有保障，還更快樂的事了。商代以收穫農作物的喜悅來表示生活幸福的意義。甲骨文的「釐」字，作一手拿著木棍，正在撲打禾束以脫下穀粒的情景（），有時禾束還拿在另一手裡（）。恭喜新年的喜應該寫這個「釐」字。

穀類的仁實有的堅實，有的鬆散，但都有堅硬的外殼，要去掉外殼才能食用。因此，一旦有了採集或收割穀物的活動，大概就會有去殼的工作，使用某些工具或設備。華北一些最早期的遺址，西元前五千九百年的河南新鄭裴李崗，以及稍晚的密縣、鞏縣、舞陽，河北的武安磁山等古老遺址，都發現像下圖這一套專為去殼而磨製的石磨盤及石磨棒。磨盤的形狀都大同小異，是一塊前後端修整為圓弧狀的扁平長版，有時長版的一端比另一端稍大，有時一端平圓，一端尖圓形。版下總有兩兩相對的半球狀突出小足。磨棒則如擀麵棍，大致是磨盤的一半長度有多。

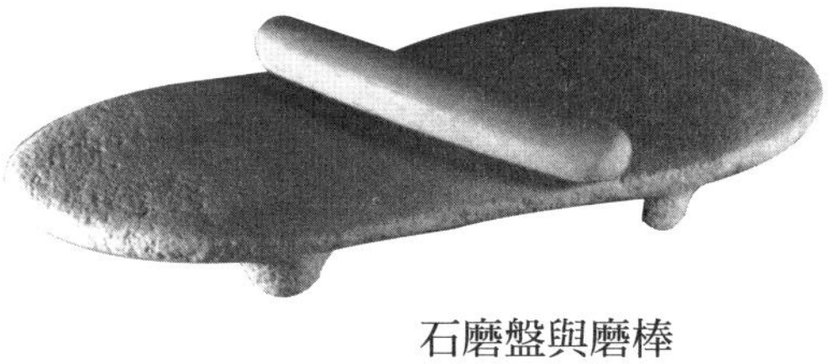

石磨盤與磨棒
盤長 52.5 公分，棒長 28.5 公分，河南舞陽賈湖出土，約 8000-7500 年前。

從發掘的數量看，石磨盤和石磨棒應該是那時家家戶戶都具備的用具。其作用是把少量穀物放到磨盤上，雙手拿磨棒在穀物上壓碾，去掉其外殼而取得其中的仁實。用這種方式去殼，只能少量進行、頗花費時間，而且穀粒也易因碾壓跳動而逸出窄盤外，工作起來並不是非常的理想。不過這時的農業，雖然已脫離初期的階段，但仍然只在山坡進行小面積的耕作，輔以漁獵活動，尚未進入完全以農業維生的階段，日常穀物去殼量不多，石磨盤還足以應付需要。到了西元前四千多年西安半坡和餘姚河姆渡遺址的時代，農業的依賴度提高很多，天天消耗的糧食增多，以石磨盤少量脫殼已不符經濟效益及便利生活，不能不思考改良之道，脫殼工具就採用效率很高的木或石製的臼與杵，這種平板狀的去殼工具就不再出現於遺址了。甲骨文的「舂」字（）作雙手持杵在臼中搗打穀粒之狀，表現了後代一直持續使用的作業方式：在臼中去殼。使用杵臼脫殼，雙手可以大大的使力，加速作業的進行，在現代脫殼機械未發明以前，那已是最有效的方式了。

左圖這種長方形的盛酒器叫方彝。基本的形狀取自商代的一座高級建築物形。存世的也偶有兩座並聯的例子（見下圖青銅偶方彝）。有些器內分隔成兩部分，有如兩個房間，可以分裝不同的液體。其尺寸頗不一致，小的連蓋子才十幾公分高，重一公斤多。大的高六、七十公分，重七十幾公斤。

獸面紋銅方彝
高 25.2 公分，加拿大皇家安大略博物館藏。商代，約西元前十二至十一世紀。

青銅偶方彝
高 60 公分，口長 88.2x17.5 公分，安陽婦好墓出土。商代，西元前十二至十一世紀。

方彝不像其他的青銅彝器是源自新石器時代已有的陶器形制，而是商代首見的，可能反映當時才有的建築成就。以上頁上圖的這一件獸面紋銅方彝做例子，它有很濃厚的建築模型味道。器身四面，環周有八道脊棱，代表豎立的木柱子。梯形的蓋子代表四坡的檐頂，屋頂形的紐應是通氣孔上的遮蓋裝置。中央有凹洞的短足則是表現夯土的平臺基礎了。

此方彝器身以方迴紋為背景，主題裝飾是中央的浮雕獸面或饕餮紋。其上以窄橫條隔開，作龍與鳥的合體紋。其下的夯土平臺則是雙回首龍紋。器蓋上的饕餮紋看起來被倒放了，但卻不是個例，可能與畫面的上窄下寬形狀有關，紋飾作鳥形時是正立的。

方彝提供商代建築的實例，證實甲骨文的「享」字（），作斜檐的建築物立在高出地面的土臺上之狀，是真實的描寫。此字有享祀的意義，一定來自它是種祭祀鬼神的廟堂建築，而不是一般的家屋。祭祀在古代是國家最重要的施政大事，祭祀的場所也往往是施政的地方。當然會不惜工本，用最

費工的夯築法修建。

夯築法是先挖一個有相當深度的坑洞，填入黃土，用捆紮的木棒捶打，使土層堅硬而不透水，每層平均厚度八到十公分。填到了地面的高度時，更使用木板圍成框架，填土之後又加以夯打，一層層的加高，一直到距離地面約有三個臺階的高度，然後在這個地基上建築房屋。這種地基質地堅硬，充分利用華北黃土的特性而構築。

三千年前，商王國的主要活動區域是華北。華北冬季寒冷多風，一般住家採半地下穴式，有冬暖夏涼之效。夯土臺基的建築是貴族才有辦法享有的。以下介紹商代權貴者的建築可能達到的豪華程度。

根據考古證據，光是單座的基址殘跡就有超過一千二百平方公尺的。臺基有時高出地面數公尺，為使木柱牢固而不下陷，木柱墊以石或銅礎以加強其支承力。柱間的牆以草泥合拌築成，或用夯築。遺存土牆有高達二公尺半，想見其高敞。牆內外表層還有敷以石灰使光滑，並可彩繪圖案。

甲骨文的「宣」字，作屋子裡有回旋圖案的裝飾狀（）。商遺址發現不少多彩的雕漆木板，想來也應用於木柱、門框等處。到了漢代，「宣室」仍為天子居室的代名詞。位於陝西周原的西周初期建築遺址，有可以釘在土牆上的磚板以防雨淋，也許晚商也已有此種設施。地下埋有陶下水管以排泄雨水，還有以石板和卵石鋪成的石甬路以利行走。

屋頂結構雖頗為複雜，但只鋪蓋蘆葦一類的草泥，再加一層用細砂、石灰、黃土攪拌的三合土做面，以防雨水的侵蝕。房間有超過十個的，而且還有廡廊的圍牆，自成院落，不受外界干擾。其殿堂四面有數目不等的臺階。牆上設有圓或方形窗子以暢通空氣，引進光線。商墓發現的紅、黃、黑、白四色布幔，印證《墨子》「紂為鹿台糟丘，酒池肉林，宮牆文畫，雕琢刻鏤，錦繡被堂，金玉珍幃」的描寫。

在任何社會，尤其是年代越早的，越高的建築表示主人的地位越高。甲骨文的「京」字（），作一個斜簷建築物，架設在高出地面的三排木樁上。建築在一排排木樁上的房子，自然要比建在地面或臺基上的建築物要

高，這是政教中心才有的高聳建築物形，所以有京城的意義。

要讓房子的外觀看起來高聳，古代有兩種辦法：一是建築在呈階梯狀的土層上，雖然每一土層建一層，遠遠看起來就像是多層的樓房。如果木構建築的柱子能承受高樓的壓力，也可以在同一土層上建多層樓。這兩種形式的多層建築，商代都有文字表示，一作建築在干欄上的兩層建築物（），一作建築在夯實的地基上的兩層建築物（）。這兩個字一定已被其他的形聲字所取代。前一字大半是「樓」字，銅器銘文假借為「數」字，樓與數同為婁聲的形聲字，可以相通。後一字可能是「臺」字。今日發掘的商代遺址，從柱礎排列痕跡也可看出當時有建造二層樓房的證據。

高樓不但可以防溼防水，它居高臨下，也便於偵察、防敵，而且遠遠就可望見，能提高統治者的威勢。所以商代開始就有在高臺上蓋樓以資紀念及誇耀的風氣。東周到漢代的君主迷信神仙的存在，為了更接近天上的神仙，樓臺就越蓋越高，《史記．封禪書》記載漢武帝為親近神仙而大建高樓，其中甘泉宮的延壽觀高三十丈，建章宮的鳳闕高二十餘丈，神明臺、井幹樓高五十丈。漢代一丈約合今日的二點三公尺，五十丈就超過一百公尺了。所以高樓在漢代還具有求仙的意義。木構建築不可能承受如此多層高樓的壓力，只能建築在呈階梯狀的土層上。

下頁圖這座塔樓有三個敞開的門，表示至少有三樓。如果從門戶的高度推測，可能每層有門之樓上，又有一層只開透雕窗戶的樓，如果以人物的高度來估計，更可能有今日的十層樓高。這座塔樓有濠溝保護著，濠溝中有魚與龜在游，有可能表現主人還闢有池塘，經營人工養殖業。不但濠溝周圍有騎馬裝甲的武士在查巡，第二與第三層樓也有持弩機與盾牌的武士在陽臺戒備，以確保塔樓裡家人與財物的安全。越是富裕的人家，越容易受到強有力的盜賊的覬覦，因此越有錢的人家保護的武力要越龐大。在古代有徒眾也是種威權的具體表徵。與司馬相如私奔的卓文君，其父卓王孫就擁有家僮八百人。可以想像，當主人與賓客在頂樓遠眺延伸的莊園，享受美酒珍食，歌舞弦樂，冥想永恆的來世時，護衛們戒慎戒備的氣氛。

漢代的建築，現今除少數的石闕和祠堂外，已無有存者，但墓葬中的這些塔樓俑，讓我們見證了當代輝煌的成就，以及延續不斷的中國特有的建築藝術。這個塔樓的每一層樓，都有斗拱的設施以承擔厚重的四坡重檐屋頂。每一層樓也都有大片的採光透雕窗戶和雕琢的柱梁。屋簷覆蓋上釉的陶瓦片，上挑的脊角裝飾。像是在對東漢古詩十九首之一「西北有高樓，上與浮雲齊。交疏結綺窗，阿閣三重階。上有絃歌聲，音響一何悲。」作場地的註解。

鉛綠釉紅陶塔樓
高 120 公分，現藏加拿大皇家安大略博物館。東漢，西元二世紀中期至三世紀早期。

左圖是一組十二件的建築群中之一件。整個組件構成一座長方形的兩進院落，包括大門、堂房、後房、六廂房，以及兩院中之小亭、八角亭、假山等。釉彩比一般的唐三彩大為多樣，堂屋藍色，門柱朱紅色，山峰為草綠及赭黃色，鳥藍綠色，池畔草綠，而亭則為赭色。

一組十二件的唐代建築群隨葬陶模型
陝西西安出土。唐，約西元700-750年。

三彩釉瓦陶假山水池
高 18 公分，陝西西安出土。
唐，約西元 700-750 年。

上圖這件後院中的假山水池，背景為數峰並立的高山，山巒層層疊嶂，怪石嶙峋，山峰間則青松挺拔。主峰上一小鳥，俯視山下，作展翅欲飛之狀。兩邊側峰則各立一鳥，相向若對歌般。山腳下有一池碧水，池底游魚數尾。池畔又有兩鳥一上一下，引頸暢飲。好一幅人間休閒的仙境美景。

這組建築群的三彩陶明器，在唐代同類的製作中屬奇特、罕見的。陪葬的陶製明器，戰國時代就已出現，漢至唐代才是製造的盛期。漢代大概因為太平之世，代表階級的車輿、馬騎、武士、塔樓、軍卒儀仗等明器的數量不多。主要製作滿足日常生活富裕所需的替代實用器的模型，如飲食器具及牲畜、爐灶、屋舍、田地、倉庫、畜圈、井架、杵臼、奴僕、雜戲、舞姬等。南北朝時代北方社會動亂，武人支配政治。武人好炫武，重視儀仗軍容，所以披甲執盾的武士、高冠寬袍的文吏形象特多。唐代除了延續前期的官員儀仗外，出現了許多表現社會活動的新形象，而且雕塑非常生動，帶有藝術創作的味道。但就是缺少日常生活用具的模型。屋舍的模型，漢代常見；而唐代則是罕見的。

人類最初和鳥獸一樣，要借用天然的洞穴或大樹棲身。這兩種方式都不盡合人們的需求，所以當人們製造工具的手段越來越高明時，就開始修建自己的住屋以避風雨、以防野獸。最先只考慮到晚上短暫休息之用，當有辦法把住處建得稍大，在裡頭生活的時間也越來越長時，就會規劃一塊地方用以燒飯。接著就是闢出較隱蔽的寢室，使內外有別。更進一步，就規劃工作之餘的休閒空間，有院落，有舒解煩悶的山水、珍禽等造景。

來看看跟住屋有關的文字。小篆的「容」字作屋子裡有谷（），當是表達設有山石流水的大型壯觀建築物。非是一般的家居。甲骨文有「雝」（雍）字（），由宮、水、隹組合，創意大致是闢有水池、養有珍禽的宮苑。又有「囿」字，作一處規劃的範圍內植有眾多樹木花草之狀（）。一般的植物種植不必如此費心。《說文》的籀文作。卜辭有商王占問前往苑囿游賞，以及囿裡所植之黍是否香美，證明商代應該已有了苑囿的修建。

目前所知有這種布局的最早例子，是陝西岐山的西周早期宮殿。它是有嚴格對稱的華北四合院的直接前身。大門是兩扇式的，門前樹碑以遮擋門外的視線，保持院內的隱蔽。兩側則是守衛的兩塾。一進門為中廷，然後是堂。堂後是建有花園的庭院，還從外頭引進流水，通過庭院。廷及堂的兩側是廂房，共有十九房，是住家及炊煮的地方。可以理解當時已注意到庭院內有花草流水臺榭的幽雅氣氛。由此再進一步發展，就有更大的苑囿做為散步、行獵、玩樂之用。

木材的結合

下圖這件文物叫銅構件，作用是把兩段或多段木頭連接起來，兼帶有色彩和紋樣的裝飾效果。它的造形多樣，有直形、曲形、叉形、不規整形，裡面都是貫通的，用以容納木構件。有時外形非常複雜，還帶有可以轉動的活頁，用以調整木構件連接的角度，變化區隔空間的大小，充當不同的用途。這個銅構件，外露的兩面裝飾蟠螭紋，曲形的兩端作三尖齒形，表面可以看出有幾個小釘孔，是用於插釘，使嵌入的木材和銅構件的位置固定。隱藏的部位不必美觀，故作透空的框框，以節省材料。這一件已有兩處的損壞。建築用的銅構件不是為了國家的大事所鑄造，造型也不很優美，不是熱門的收藏，所以少見介紹，但它代表春秋時代建築上的一種創舉。

蟠龍紋曲形銅構件
長 42 公分，寬 16 公分，陝西鳳翔出土。春秋，西元前八至五世紀。

稍微進步的房子都不能只由一根木頭完成，建造家屋首先面對的一個困難，就是如何解決穩固木頭與木頭的交接問題。六千年前陝西西安半坡村落的房子，牆壁和屋頂已用很多木柱構築，木柱與樑的交接只見以繩索捆縛再加泥塗固定，沒有發現使用榫卯構件的痕跡。這種構築法反映在甲骨文的「冓」字，它表現兩木構件相互交接並加捆縛之狀（）。從發掘的現象看，知道古人已了解到兩根木頭交接的地方，要稍微削尖才容易捆縛。人們用「冓」字表示各種與交接、相會有關的意義，後來以各種形符加到「冓」字之上以區別各引伸義，於是形成了構、覯、搆、篝、媾、遘、溝、講、購等，從冓聲，而與「交接」的概念有關的各個形聲字。

中國南方可能由於比較溫溼，不適合像北方一樣經營半地下式的穴居，很早開始就發展干欄式的住家。那是先在地上豎立多排的木樁，然後在樁上架屋。這樣的木結構較複雜，六千多年前的浙江餘姚河姆渡遺址，已見採用榫卯的方式加強木構件的牢固。那是在交接處的木頭，一端挖出一個孔洞的卯，一端鑿出一個凸出的榫，凸出的榫套入卯眼，兩根木頭就被連接而固定了。這種技術可能太過費工，接觸處可能也比較脆弱，到了商代還是很少使用這種方式建屋。

銅本是貴重的材料，早期主要用以鑄造祭器與武器。春秋時代鐵的使用逐漸普及，尤其是鋼的鍛造技術能夠充分掌握後，鋼鐵的銳利與耐用非銅器所可比擬，因此武器的製造就逐漸被鐵所取代，鑄造祭器的功能也被輕盈艷麗的漆器所取代。銅就被轉用到其他的用途，開始大量出現銅帶鉤、銅鏡、銅燈，以及替代榫卯的銅構件，作為木材的框架。銅構件不但加固木材的結合，也增加其色彩的輝煌。到了漢代，一來可能由於木材的缺乏，二來以小條磚砌牆，更堅固耐用，就捨棄銅構件的使用了。

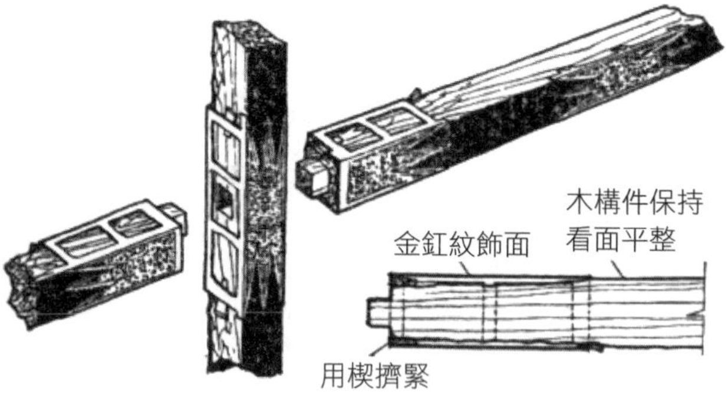

榫卯構件使用示意圖

錯金銀雲紋犀尊
高 34.4 公分，長 57.8 公分，
陝西興平出土。
西漢，西元前 206 年 - 西元 25 年。

古代的氣候

尊是古代盛酒的容器，造型有很多變化，如果作鳥獸形狀的就統稱為犧尊，個別的就以其取形的動物名稱稱之，例如犀尊。

上圖這件犀尊十分寫實。犀的頭稍上昂，鼻端有一長角，額前一短角，鼻孔張開，嘴巴似在吼叫，可能是屬於體格較小而性情凶暴的非洲產。厚實粗壯的頸部有多圈的皺襞，看來韌厚無比。四腿粗短，肌肉隆起，足下分蹄。前腿後有兩圈皺襞，皮膚粗糙無毛，但裝飾有錯金的流雲紋，金絲大都已脫落。背上有可注入酒的橢圓形口，連接可開闔的活頁蓋子。這件銅器非但造型逼真，線條優美，銅質也非常細緻，堪稱是金屬冶鑄工藝的傑作。

犀牛縱生的角是毛髮硬化而成，故與其他動物成對的角大異其趣，人們也於文字強調其獨角的特徵。商代以「兕(ㄙˋ)」稱犀牛，作頭上有隻大獨角的動物形（）。犀牛生活於溼熱的環境，現今主要分布在非洲中、南部，中南半島，南洋群島，印度大陸等地區。現今中國境內，可能除了雲南、廣西交界，犀牛已絕跡。但在距今七千到三千年的一段期間，氣溫要較今日溫暖，犀牛曾經在中國很多地區生息繁殖。浙江餘姚河姆渡、河南淅川下王崗等六千多年前的遺址，都發現過犀牛遺骨。說明中國那時有犀牛生息著。犀牛皮堅甲厚，且嗅覺非常敏銳，不易接近。但人是聰明的，可以挖坑陷，然後用縱火、驅趕等方式使陷入其中，或在地上架設木弩，靜待犀牛碰觸伏線而發箭射擊腹下脆弱部位。商代甲骨刻辭曾有一次捕獲四十隻的記載。

犀牛在中國滅絕的原因有幾個，西周之後氣候變冷，被迫南遷是其一。草原被闢為農田而失去食料來源，是其二。犀角具有清熱、解毒、止血、定驚的療效也為古人所知。但最主要的原因應是人們要獲得其堅韌的皮以縫製甲冑。在鋼鐵武器未充分使用前，兕鎧對於青銅武器的攻擊有很好的防禦效能，所以《楚辭．國殤》有「操吳戈兮披犀甲」，以之為理想的戰鬥裝備。吳國曾經誇耀其衣犀甲之士有十萬三千人之多，可想見古人濫捕而加速其滅絕的程度。

漢代之後，大概一般人已難見「兕」形象，就把它與另一種同樣是大型的熱帶動物「廌」（豸）搞混了。前文已介紹過，廌是一種羚羊類的動物，傳說解廌有助法官判案，所以金文的法字，以法律公平如水，廌以牴觸不直的罪人而去之以創意（）。後來負責判案的衙門就繪有解廌的形象，縣官的補服也以解廌為圖案。解廌和犀牛都因氣候的原因南移，不見於中國，兩者的形象因而起了混淆，解廌就被描寫成有大而長的獨角的犀牛了。這大致依據書本的描述來造形，形象就大有出入。漢代一位判官的墓門，就畫有一對低頭欲前衝的廌，隨葬品中也有木頭或陶製的長角犀牛。

商爵是濾酒的器具

通過下頁圖這件文物，可以推論商代的爵是漉酒兼濾酒的器具，不是飲酒的器具。

蟠螭紋蓮瓣蓋雙環耳青銅酒壺
高 47.4 公分，加拿大皇家安大略博物館藏。
東周，西元前五世紀。

上圖這件酒壺或稱為令狐君嗣子銅壺，因為壺頸上有五十個字的銘文，說明鑄器的人是令狐君嗣子。學界有以鑄器之人命名銅器的習慣。另有一件同樣模式而略小的銅壺，現藏中國歷史博物館，相傳都出土於河南洛陽附近金村的古墓。其銘文為：「唯十年四月吉日，命（令）瓜君嗣子乍鑄尊壺，柬柬獸獸，康樂我家。遲遲康叔，承受屯德，祈無疆至于萬億年，子之子，孫之孫，其永用之。」

令瓜（令狐）希望他的家族能康樂，長官康叔能受厚德，共同持續至億萬年之久。

這件酒壺在壺身裝飾著五道環繞且密集

的相互糾纏龍紋。中間以凹下的環帶相隔。螭為龍之一種，這件的龍已被簡省成彎曲的窄條及逗點形，幾乎認不出其真相。這是從許多東周彝器上的相互糾纏的虯龍紋高度省化的結果。它的變化從大塊清楚的龍紋開始，隨著時間的推移，龍的尺寸被縮小，形式也簡化成抽象化的程度。仔細檢驗其上的紋飾，可以發現有兩個單位間隔出現，而且區分顯明，明白表現是以方塊的動物獸面紋連續在泥範上壓印而成。朝銅器鑄造過程的快速化邁向一步。

令狐君嗣子銅壺和其他銅壺的不同處，在於蓋子，不但有六片向外伸出的透雕蓮瓣，而且蓋子的頂部是透空的。蓋子是為了防止酒的醇味逸失而設，如果是透空的，就失去其製作的意義了。同樣的設計也見於一對蓮鶴方壺（見下圖），蓮瓣中間雖裝

蓮鶴方壺

飾一隻立鶴，但它是可以拿掉的活動蓋子，意義與此透空的蓋子一樣，因此一定有其共同的特殊用途。

中國的酒是用穀物釀造的，含有渣滓，把滓濾掉才是比較高級的清酒。祭祀要用清酒，甚至是帶香味的，才夠表達虔敬的心情。《左傳．魯僖公四年》記載管仲數說楚的罪狀，就有：「爾貢苞茅不入，王祭不供，無以縮酒。」縮酒就是過濾酒，需要使用香茅，楚國疏忽職守，沒有進貢王室，故齊國要主持公道。

甲骨文的「莤(ㄙㄨˋ)」字，作兩手拿一束草茅在一個酒壺之旁（），充分說明使用香茅濾酒的創意。濾酒時先把草放在酒壺上然後倒上酒，酒就從草間的孔隙滴入壺中，不但把渣滓濾下來，還可沾染香草的味道。如果沒有東西把草卡住，草就可能移動而有空隙，使得渣滓掉進壺中而影響酒的品質，因此，伸出的蓮瓣是為了把草卡住而設的，這就是為什麼壺蓋要透空以及有多個蓮瓣的道理。商代沒有這種形式的壺，但有濾酒的必要。商代的爵與斝(ㄐㄧㄚˇ)的口沿都有兩個支柱，大家都猜不透支柱的用途，我懷疑其作用就像此壺的蓮瓣，作用在於卡住濾酒的茅草。

下圖呈現商代銅爵型態演變的三個階段，也表現鑄造技術的進步。左邊最小的一件年代最早，屬早商期。器身曲折而底平，器胎薄，器身在頸與腹部各裝飾一圈浮線的獸面紋，流上立柱作平底的扁圓錐狀。中間的一件，年代屬晚商，器身已不見曲折，形成延續的曲線。紋飾幾乎布滿全身，一圈圈的紋飾沒有分隔界。紋飾的主題是獸面紋，通稱饕餮紋。長流下是一對面向的蜿蜒蜷曲的龍紋。立柱作平底的半圓錐狀。最右邊最高大的一件，代表商代最遲的階段。器身雖也作延續的曲線，但有厚的鰭脊與線軸式的支柱。

甲骨文的「爵」字（），作一種器物的形狀。這種器物的形狀非常繁複，所以字形書

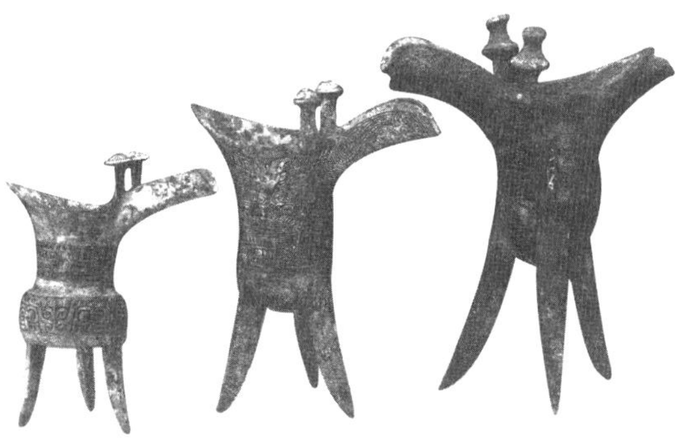

商代銅爵的型態變化
最高 25.7 公分，現藏加拿大皇家安大略博物館。商代，西元前十六至十一世紀。

寫起來非常多樣。可以看出這些字有幾點特徵：口沿上有支柱（↑），口沿附有流口（），器底有三個支腳。比對商代的器物，只能是學者稱為爵的酒器。金文的字形（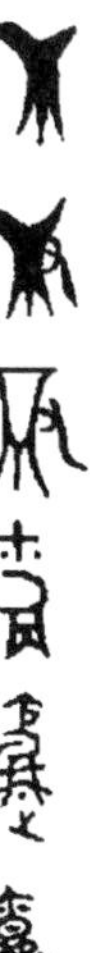），多了一隻手，因為爵的尺寸都很小，可以單手把握住。金文的字形演變到後來，已經不太容易看出是一件酒杯的象形。小篆字形（）更難理解是一個器物的形狀。《說文》把爵的器形想像成一隻雀鳥，說因為飲起酒來，酒聲節節足足好像雀鳥的叫聲，真是想像力太豐富了。

一般認為爵是飲酒的器具，因為在文獻裡明白記載使用爵飲酒。但是所有的民族，飲酒的器具基本上是圓筒形的，為何獨有商代是使用這種怪異形狀的東西？而且，從發掘古代遺址的經驗，已確定爵形的器物主要是商代的器物，延續到西周時代的早期，可是文獻記載，一直到漢代都是使用爵飲酒。為什麼呢？

器物的成形，一般會受到製作的材料，或特定使用目的的影響。陶器的形狀以圓形的最為方便，尤其是發明了轉盤，更加速圓形器物的製作。在龍山時代，已經普遍採用轉盤的方式製作陶器。為什麼商代對於這種大量使用的酒器，卻要採用費時間的方法去捏造怪異形狀的器具呢？到了使用青銅鑄造時，爵的成形要比較觚或尊等規整的圓筒形酒器困難得多。觚或尊的外範，只用三塊就可以成形。有柱的爵就已經需要用到十塊以上。從鑄造的技術層次看，爵是一種複雜的器形，要求的技巧高，應是容器中較遲發展起來的器形。但是根據目前地下發掘的材料，爵可以說幾乎就是在能鑄造立體的容器之後，馬上就被鑄造的東西。

爵的造形有不少並沒有實用上的需要。它被鑄成有長尾的樣子，顯然是為了與其長流取得平衡，不容易傾倒。但是流並沒有必要作得那麼寬長。飲酒並不必有流，商代的觚、觶等飲酒器具都沒有流。口沿上的兩個立柱，好像也沒有實用上的必要，但卻會增加很多鑄造上的麻煩和費用，還會妨礙飲酒的動作。

爵的腹下有三個高的支腳，出土時不少爵的腹底下殘留煙炱(ㄊㄞˊ)痕，可以推知爵是個溫酒器。口沿上的立柱不是直直的，而是上頭還有一個下面是平的尖頂蓋子，甚至是大形的立雕。從上文所介紹的蓮瓣蓋銅酒壺所得到得靈感，立柱的作用是卡住香茅來過濾酒。小量的過濾酒，是把香茅放在口沿上以立柱卡住，把酒注入，讓香茅過濾酒渣，而且沾染草的香味。立柱的作用就在卡住香茅使不移動。否則香茅會因為倒酒的衝力而移動，有空隙，將使得酒渣掉進爵中而前功盡棄。商人隨葬可以沒有食器，但不能沒有酒器。商代出土有青銅器的墓葬，爵與觚經常相伴出土。大概是以爵溫酒和過濾過後才傾倒入觚中飲用。爵是少量溫酒兼濾酒的器具，不是飲酒的器具。

在商代的墓葬，爵與觚配對，幾乎是禮儀所必需，出土數可能上萬，其中不少是陶或鉛的製品。酒爵的容量，漢代的註釋說可容一升，即不到今日的五分之一公升。從發掘以及傳世品來看，商代的酒爵都很小，容量有限，大的也不過是兩百毫升。商代的酒，酒精度很低，一個爵所裝的酒量只夠讓人喝幾口而已，不足作為宴席中賓主盡歡，或日常舒暢心情的多量飲酒。爵比較可能是為了禮儀的需要，只溫熱或過濾少量的酒，以之傾倒入他人的酒杯，作為向人敬酒的方式。如要盡情的飲酒，就得使用觚或他種容器了。

「爵」字在商代已使用為以爵位加於人的意義，大概以爵向人敬酒要具有一定的身份。加人以爵位時，應該也要以爵過濾酒賞賜給人飲用。爵是作為貴族必備的器具，故在商代的墓葬，稍為豐盛者，都有銅爵或陶爵隨葬，因此爵較之其他的銅器具有特殊的地位。如《左傳．莊公二十一年》記載：「鄭伯之享王也，王以后之鞶鑒予之。虢公請器，王予之爵。鄭伯由是始惡於王。」顯然鑒（鏡子）在社會意義的價值上要較爵差，故鄭伯覺得顏面受損，心生怨恨，後來加以報復。

鳳柱青銅斝
通高 41 公分，口徑 19.5 公分，陝西博物館藏。商後期，西元前十四至十一世紀。

甲骨文的「斝ㄐㄧㄚˇ」字（），作一件容器的口沿上有兩個立柱，器底有兩個或三個支腳的容器形（），或旁邊多一隻手拿著棍子一類的東西（）。對照商代出土的文物，可以了解字形是表達學者名之為斝的器物。

斝有立柱而無流，一般容量都較爵大很多，有的容量竟可高達七、八公升。很容易使用勺子從腹中挹取酒出來。可以理解，斝是一種比較大量的濾酒兼溫酒的器具，因為太大，所以使用勺子取出酒而倒入他種容器。因為不是直接倒入他種容器，所以不必有流口。至於甲骨文的字形還有一形作多一隻手拿著棍子的樣子（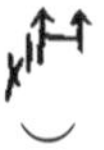），有可能是用來攪拌酒，使酒的溫度與成分平均吧。

在銅爵、銅斝上過濾酒是為了少量的、行使禮儀時使用的。也有一般的，或是商業的目的而大量過濾酒的器具。甲骨文的「曹」字（），作一個容器的上頭有兩袋東西的樣子。推論應該表達在木製酒槽上大量過濾酒的工作。兩個袋子是使用纖維或繩索編織成的，可以過濾液態的東西，水槽是承受滴下的酒液的容器。這是酒坊大量過濾製造清酒的作業。曹、槽、糟三個字都和過濾酒的作業有關，曹是管理作業的官府，槽是濾酒的長形的容器，糟則是過濾下來的酒糟。《說文》所錄籀文的字形（）下作酉。酉為盛酒的罐子，可以證明曹字是指濾酒的作業。

西周時候為了糾正商代耽酒風氣，墓葬漸重食器。但酒為祭祀和禮儀所不可少的，因此西周早期也出了不少銅爵，但以後就幾乎不再鑄造了。然而先秦的文獻也提到以爵飲酒，如《詩經・小雅・賓之初筵》：「酌彼康爵，以奏爾時。」

西周禮儀用具的形狀大都承繼商代，雖然貴族受商文化的影響也使用銅爵，但使用不多，持續不久。而先周文化也不見民間使用廣見於商人墓葬的陶爵。也許是周的始祖為履大人之足跡所生，沒有鳥的信仰，不必把酒器鑄成禮儀或信仰所需的複雜形狀，所以改用形體合理而易於製作的筒形杯子。在一個西周遺址發現一個自銘為爵，但考古學者稱之為「瓚」的有長把的圓筒形銅器。知道西周中期以後，不再鑄造商人名之為爵的酒器，但是它的名稱已被移用至其他形狀的行禮用酒器了。

有柄青銅爵
高 7 公分，通長 17.2 公分。
周中晚期，西元前十至八世紀。

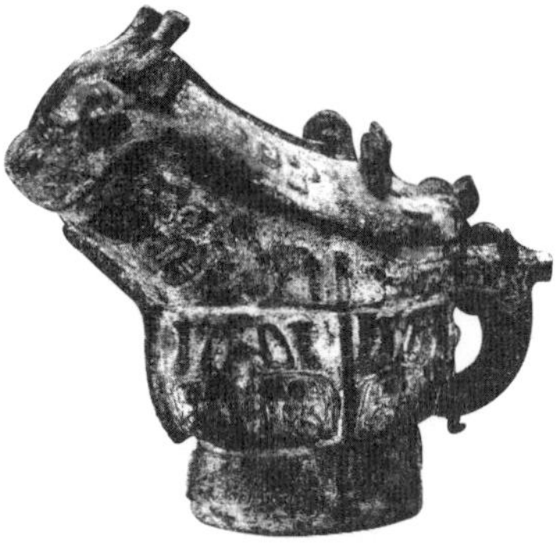

鹿頭蓋青銅觥
高 20.3 公分，長 26.5 公分，加拿大皇家安大略博物館藏。商代晚期，約西元前十三至十一世紀。

青銅觥是酒器還是水器？

上圖這種有流而如舟形的容器，都帶有動物頭形的蓋子，其銘文從來沒有說明自身是何器名。學者初以其器形與自名為匜的非常相近，故亦名之為匜。可能因其銘文自稱為「尊彝」，認為是祭祀時的盛酒器，不會是盥洗器，而《經詩．周南．卷耳》有「我姑酌彼兕觥（ㄍㄨㄥ）」之句，故現在學界就通稱之為觥。

這件有觥的典型形制，器口一端有斜伸的寬流，另一端為圈孔的把手，容器本體的剖面為橢圓形，下有圈足。別的形式或為直鋬，或無鋬，足或作方形，或支腳。此器蓋的前端作鹿頭形，其兩角作瓶形的肉莖狀，是長角已脫落後的形象，大致是古代中國廣大區域常見的梅氏鹿。蓋子的後端有兩個高突的半圓形耳朵，知道其裝飾的形象是老虎。

觥的特點是器身密布花紋，這個觥也不例外，器身的主要紋飾是一組非常罕見的花紋。獸面或饕餮紋是商代常見的紋，可以看成是由兩隻側面的動物組成。組成的動物以虎、牛為最常見，但此件卻以側身的象與梅氏鹿的耳朵和瓶形角構成。構形非常巧妙而有創意。以幾種動物的特殊形象而組合成另一虛擬的動物形象，可說是觥形器的大特色。

從形制看，觥有寬流，無疑是為傾倒液態東西而設，但可能是水而非一般所認為的酒。甲骨文有一個字，作一個有鋬的曲形容器傾倒液體進入另一個盤皿之狀（），此器或以雙手操作（）。從字形看，明顯就是觥的寫生。銅觥經常重七、八公斤，不用雙手就難以操作，也符合字形作雙手的必要。商代不以盤皿飲酒，因此，傾倒進的應該是水。

商代酒器種類繁多，有流的爵與盉數量已非常多，而盤卻沒有與之相配使用的水器。中國在漢代以前，用手進食，並不以筷子，故吃飯之前最好先洗手。《儀禮・公食大夫禮》在安排宴客的器具時，「小臣具盤匜，在東堂下。」也要陳設盥洗的匜與盤。《禮記・內則》更敘述其操作為「進盥，少者舉盤，長者奉水，請沃盥，盥授巾。」年輕人雙手捧著盤，年長的人雙手持匜倒水，請客人洗手，然後又奉上手巾擦乾。這是最誠懇的待客之道。

出土文物也有盤與匜成套放置的，如下頁圖的戰國早期曾侯乙墓中的匜與盤。匜的銘文也有「為姜乘盤匜」的句子。顯然盤與匜配套使用由來已久。商代晚期銅盤的數量不少，不應沒有與之配套的沃水器。除了沒有蓋子，匜與觥器形相同。沒有蓋子並不影響倒水的動作，有蓋子反而是個累贅，很可能這就是後來匜都不鑄蓋子的主要原因。

有人認為觥也使用於祭祀的場面，不會是盥洗之器。這個理由恐怕不充分。鬼神是人所創造的，反映人間世的價值和習慣。人既然用手吃飯，飯前要洗手，鬼神應該也不例外。記得臺灣民間對於某些女性的神，如床頭娘娘、七夕娘娘等，除一般的食品外，還要陳放毛巾，水盆以及胭脂等。可見盥洗之具也非絕不能出現於敬神的場合。戰國以後，貴族沃盥的禮節漸不施行，漢代又流行使用筷子，因此，配套使用的匜與盤就都消失了。

匜，高 13.4 公分，口長寬 19.4x18.10 公分。
盤，高 12.8 公分，口徑 41.6 公分。
戰國早期，約西元前五世紀

採桑的作業

存世與下圖這件同樣尺寸、形制、花紋的銅壺有數件，當是同時期的作品。這件裝酒的銅壺值得特別介紹，因為它展示了當時生活的很多生動畫面。春秋以前，文物的裝飾圖案主要是與鬼神有關的動物，很少觸及一般人的生活動態，所以我們對古人的生活細節不了解。

這件銅壺的形制很平常，長頸、斜肩、鼓腹、圈足、有蓋。肩上有兩耳銜環，蓋上飾有三隻立雕的鴨子。蓋子與壺身都有用紅銅嵌鑲的圖紋。蓋子為站立採桑圖。壺身以寬帶分成四個裝飾區：最上的頸部有採

嵌鑲紅銅採桑、弋射、飲宴、水陸攻戰紋青銅圓壺
通高 39.9 公分，口徑 13.4 公分，底徑 14.2 公分，四川成都出土。
約西元前 500-350 年。

器頸部分的採桑紋

桑、弋射、狩獵等生產活動，以及貴族競射的描寫。器身的上部，有貴族在二層樓上饗宴及樓下樂舞伎表演歌舞。器身的中部，則作軍士從事陸上與水上戰鬥的場景。下部則有神獸的圖紋。顯然它描寫貴族擁有田莊、徒眾、權勢，以及祈望能夠一道帶去來生享用的願望。它可以說是開漢代畫像石與壁畫的先河。

此處無法對每個圖紋作詳細的描述，只選頸部的採桑部分作解說。採桑紋的畫面是兩株高大的桑樹。左邊的樹，有一留長辮的婦女坐在最左的枝椏上，兩手在摘取前兩枝椏上的桑葉。樹下有一人作攀登狀。右邊的樹，一留長辮的婦女把中間的樹枝拉下並坐在其端部，雙手摘取椏上的桑葉，對面一位男士腰間佩劍，頭上戴帽，坐在最右的樹枝，也在摘取中間枝椏上的桑葉，他的籃子就懸吊在右樹枝下。樹下有一戴帽男士左手提著籃子，想是籃子已裝滿，即將送去處理。兩樹之間有一對男女，女的腦後拖著長辮，頭上有某種的高起裝飾。男的戴帽佩劍坐在樹的根部上，左手牽著女的右手，右手似乎要碰觸女的頭部，不知與採桑有何關聯。

這幅圖讓人想起兩件事。一是甲骨文的「喪」字有十幾種寫法（）。可以看出，儘管多樣，基本是表達有多枝椏的桑樹間有一至五個不等的籃子狀。有了銅壺上的這幅圖，就明瞭了「喪」字的造字創意來自採桑作業。桑葉是蠶的食料，蠶所吐的絲是重要的經濟產品，亦是貴族喜好的織料。桑葉的栽培是發展絲織業的基本條件之一，不能不對此種材料有專用的語言文字。但是桑樹的外觀和很多樹木是難分別的，人們就想到了採桑的作業和其他的樹都不同，就以之創桑樹的意義，並假借以表達喪亡的意義。

另一是歷史事件。《左傳》魯僖公廿三年（西元前六三七年）記載晉公子重耳亡命於齊時，與舅父密謀逃回晉國以爭取繼承權時，「謀桑下，蠶妾在上，以告姜氏。」

明白道出蠶妾爬在樹上採桑而聽到密謀的景況。從這幅圖，似乎採桑作業還不限女性，也有使用男士的時候。或者也許，這位佩劍的男士是在跟採桑女偷偷的談戀愛。

第三講

古文字如何載歌載舞

很高興有機會在臺灣戲曲學院演講，我是研究中國文字學的人，就讓我來介紹一些與戲劇和娛樂有關的古文字。

古文字中的娛興節目

首先來介紹「戲」字。「戲」字首見金文（），由老虎的頭部（），戈（）以及凳子（）三個單位組成。甲骨文的虎字（），作完整的老

虎的形象，常以頭部代表全體。「戈」字見於甲骨文（），作一把裝在木柄上而有尖而長刃部的裝柄武器形，是商代最常用的兵器。的形象見於甲骨文的「登」字部分（），作一件矮凳子的形象，字形類似為食器的豆，豆借用為豆類植物。「戲」字的創意是，表現以兵器戈與高踞於高架的老虎作戰鬥的樣子，在古代，這是一種表演戲弄老虎的娛樂項目。為什麼要採用這樣的題材呢？這要先了解以虎和戈組成的「虣」（暴）字。

甲骨文的「虣」字（），以一枝戈面對一隻老虎，表達想使用戈去跟老虎搏殺是一種沒有理智的粗暴行為，安全的方法是使用遠射或設陷，所以創造這個字表達粗暴的意思。金文（）結構一樣，以戈與虎組合，但變化了戈的位置，難看出搏殺場面了。小篆把戈字類化為武而成為「虣」字。《說文新附》：「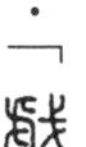，虐也，急也。從虎從武。」「虣」字筆畫比較多，就借用筆畫較少的「暴」字，成語「馮河暴虎」是說不攜帶浮水物渡河或以武器鬥虎，都是不理智的魯莽行為。所以金文從衣虣聲的字（），意義為刺繡的衣領，就寫成從衣暴聲了（）。

《說文》：「戲，三軍之偏也。一曰兵也。从戈，䖒聲。」說和三軍有關，這倒是說對了。

西周中期的《盠簋》有任命某人為「輔戲」的官職，並且賞賜豐富。古代的人稱皇帝為陛下，因為皇帝高高坐在廳上，臣屬則在臺階之下聽命。戲下是軍隊駐紮所在的某個重要設施。《史記》的〈項羽本紀〉與〈高帝本紀〉都有：「諸侯罷戲下，各就國。」〈竇田灌韓傳〉則說：「灌夫率壯士兩人，及從奴十餘騎，馳入吳軍。至戲下，所殺傷數十人。」顏師古註解：「戲，軍之旌旗也。」或「戲，大將之麾也。」

看起來，軍營之中有個司令臺，是發號施令的地方，建有指揮的大旗，聽令的兵將都在臺下，所以才有「戲下」的用語，本義應該是司令臺。

演戲與下軍令的共同特點是在高臺上實行。《盠簋》的輔戲是（在高臺）下達命令的師長的副手。如果「戲」字的創意不與戲劇有關，就不好解釋為何戲有遊戲、戲弄等與演戲有關的意義了。從「戲」字可以推論，西周時代已有商業性劇團在高臺上演節目了。很多人不了解戲劇與軍事的關係，有次在佛光大學演講，許聖和教授告訴我，謝靈運在北伐途中所作的詩，標題是「九日從宋公戲馬臺集，送孔令詩」，大家都猜不透戲馬臺與軍事的關係，現在就知道了。

在高臺上演出戲劇的版畫

上古時代，恐怕沒有比跟老虎搏鬥更刺激的場面了。所以扮演搏鬥老虎的故事劇，甚至真的與老虎搏鬥，就成了古代一種很有號召力的娛樂節目。漢代張衡的《西京賦》：「東海黃公，赤刀粵祝，冀厭白虎，卒不能救。」敘述東海黃公年輕的時候以表演徒手搏鬥老虎為職業，到了年老的時候不知自己身體已經衰弱，有一次帶了刀子上山去捕捉老虎，反而被老虎吃掉了。人們也因之編成有科白、化裝、舞蹈的逗笑戲劇。也有記載來自占城（越南）的表演者，「開圈弄虎，手探口中，略無所損」。（打開牢籠的門進去戲弄老虎，用手在老虎的口中摸索，一點也沒有受到損傷。）

戰國時代銅鏡上的騎士鬥虎圖
實際上，人騎在馬上不容易打到低下的老虎。而且馬怕虎，一見到就癱瘓了。

甲骨文的「虢ㄍㄨㄛˊ」字（　），作兩手扭鬥老虎的情狀。這無疑是更刺激，更能吸引觀眾，表現英雄威風的節目。虢是個地名，金文常見（　），其中的一隻手（又）又訛變成攴，所以就看不出原有的創意了。《說文》：「虢，虎所攫畫明文也。从虎，寽。」意義說是老虎的利爪所抓出的明顯的痕跡。也許虢地在商代是以此節目見長的地方。

甲骨文有一個「游」字（　），作一個男孩子（　）和一枝旗子的組合形式。旗子代表一個軍隊的標誌，由指揮官掌握，作為發號施令的用途。這本不該是由小孩子來掌握的東西。現在由小孩子拿在手中，就應該是一種哄小孩的玩具。依據事理來推論，造字創意可能是小孩子所玩的遊戲為本來意義，假借以稱呼旗子上的飄帶。後來或可能因飄帶波動如水，就加水而成斿聲的游字。後來可能因見有水的符號，就替代游水的罕見汓(ㄑㄧㄡˊ)字而有游泳的意義。

各類的遊戲是日常生活常有的，也是抽象的詞意，所以借用小孩子的道具來表達。游和戲本來是兩種不同的東西，游是玩弄玩具娛樂自己，戲是扮演故事以歡愉他人的項目，兩者有相似的地方，所以結合成一個游戲（今多作「遊戲」）的詞。

利用古文字也可以了解不見於記載的古代演戲的部分內容。還有，在文明的發展歷程上，中外常是相反的。中國演戲的人在高臺上搬演，而西洋則是演戲的人在底層，觀眾在四周的階層上觀看。

甲骨文還有兩個字的創意與表演的技巧有關，可能都源自軍事的訓練。打仗打到連兵器都斷折，需要徒手與敵人近身搏鬥的時機是戰場可能碰到的情況，所以軍隊的體能訓練，徒手戰鬥也是必要的學習技能。甲骨文的「鬥」字（），作兩個頭髮凌亂的人，彼此用手相互打鬥的樣子，所以有爭鬥的意義。徒手打鬥的競賽，猶如今日的摔角或角力，都是奧運會正規的比賽項目。這種遊戲在秦代稱之為角抵。

到了漢代，角抵已算是相當受歡迎的節目。不但在民間流行，連皇帝饗宴四方前來的使節，也以這個項目作為娛樂節目。有時為了增加刺激及提高觀眾的興趣，鬥士們各自裝扮成虎、熊等猛獸的樣子。偽裝成野獸的形象以接近野獸，也是打獵的手法之一。有時為了驚嚇敵人，戰士也會扮成猛獸，所以以虎、豹等猛獸的毛皮作為軍裝也是古時所常見的。因此人們以此形象來娛樂他人，也是可以預期的。說不定還夾雜歌舞與音樂，具有生動的內容，所以漢代就以「角抵」作為雜戲或百戲的總稱。

下頁圖這件陶俑上了一層白衣，可見原本應該有彩繪，可惜已褪落，看不出化妝色彩的樣子。它塑造了三人表演倒立的技巧，反映死者生前享受到的娛樂節目並打算要繼續帶去來世享用。雜技屬於百戲之一，表演偏重在力、巧和危險動作的配合。這三人以不同的姿勢倒立在一個圓形圍欄之上，這個圓形圍欄必定是一口井。井提供飲水給居民之用，是人們能經營定居生活的一個很重要設施，在人口繁多的城市，也是人們聚會的地點。想要吸引觀眾，水井所在之處是理想的地方，應當也是雜技團選擇表演的場所，不限定在室內。而且，井深又有水，不慎掉落其中，可能就有生命危險。在井上表演危險的動作無疑更會得到緊張、刺激的效果。漢代戶外表演的場地有時非常寬廣，河南新野一件畫像磚描繪一些人在兩輛前後急馳的馬車上表演倒吊、走索、接箭等技巧。若沒有足夠寬廣的空間，哪能讓馬車奔馳。

白衣彩繪三人倒立雜技陶俑
高 24 公分，河南省洛陽出土。
西元 25- 西元 220 年。

翻身倒立是雜技團非常受歡迎的表演技巧，甲骨文的「化」字，作一人正立與一人倒立之狀（）。化的意義是變化、變幻。《列子》穆天子篇的「化人」，表演種種變幻之術，即今之魔術師。表演魔術的變幻在漢代經常與雜技同團演出，以求不單調。甲骨文的「化」字除了是表達翻跟斗的體操活動外，實在找不出與字形、字義能有關的其他事物。倒立是體能訓練變化出來的花巧動作，奧運的「體操」項目就是著重這一類技巧的表演。在某些社會的早期宗教舞蹈，也常表演帶有魔術意味的翻跟斗，也可能便是此種娛樂的源流，倒不一定是衍自軍事的訓練。從甲骨文的「化」字，似乎可推測商代已有以娛樂他人為職業的專業雜技表演了。

漢代的產業興盛，人們有閒暇從事各種娛樂活動和文學創作，不但在墓葬的畫像石留下當時表演的多彩形象，諸如弄壺、飛劍、跳丸、衝狹、馬戲、戲車、尋撞、履索、幻術、雜技、俳優、投壺等。從一些具體的描寫文字，如張衡《西京賦》，就可見漢代樂舞雜技扮演的大概，不但有歌舞、說白、化妝，也有鐘、鼓、鑼、笙、箏、笛、琴、瑟等各種樂器，以及人數不等的表演隊伍，規模相當龐大。

民眾對於馬戲雜耍的喜好，應該是持續不衰的，清末民初北京天橋的把式是有名的景點。雜技俑在漢代的墓葬是常見的，但是以後的時代就不見了。漢代人嚮往神仙快樂的生活，故要把滿足口欲的生活用具，舒展身心的琴棋、雜技都帶到天上去。漢以後神仙思想較淡薄，所注重的是表現俗世威儀的僕傭及儀仗，故多見騎吹、軍陣。愉娛感官的細目可以略而不論，故少見雞鴨、爐灶，以及百戲表演了。

用「舞」功來炫耀「武」功

甲骨文的「舞」字（），金文作（）。《說文》：「，樂也。用足相背。从舛，無聲。，古文舞。」

甲骨字形作一人伸張雙手，手上拿著像牛尾一類下垂的跳舞道具。《呂氏春秋．古樂》說：「昔葛天氏之樂，三人操牛尾，投足，以歌八闋。」舞字裡的跳舞道具很可能就是取自牛尾或馬尾的形象。舞字到了西周時代被借用為有無的

無，所以就在本字加上一對腳以顯明跳舞的動作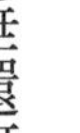。手舞足蹈是人們情緒的自然反應，一般是沒有預先執拿道具的，現在文字表現了一人展開雙手拿著特製的跳舞道具，一定是到了有一定表演形式的時代了。雙手下垂還可能是表現團體的舞蹈。如是個人，舞弄雙手才多變化。

跳舞的目的，商代以前因無文字的記載，難於考察。商代的甲骨卜辭提到舞時，十有九次都提到雨。其祭祀的對象也都是商朝的人相信可以幫助降雨的神，如黃河的河與霍山神的岳。可能因此，舞字就經常作舞者的頭上加有雨點（   ），表明其特別的功能，也驗證樂舞起於實用的目的。

雨是灌溉水利未大興前最重要的農業用水來源。降雨是主政者最關心的事，所以商代求雨的卜問多。祈雨之舞是最富有實用意義的。它本是乾旱季節時舉行的嚴肅宗教儀式，參與者憂心忡忡，唯恐他們的虔誠感動不了神靈，下不了雨。但後來它卻演變成季節性的例行娛樂活動。就是在雨量充沛，不怕乾旱時也要舉行，而且參加者還充滿歡愉的心情。如《論語·先進》記載孔子問弟子們的志趣，曾子答：「莫春者，春服既成，冠者五、六人，童子六、七人，浴乎沂，風乎舞雩，詠而歸。」語氣明顯表示那時的祈雨舞雩，已是娛樂的成分多於祈雨的宗教意味的盛典了。

商代的舞容到底如何？我們可以間接從幾個字得到印證。甲骨文的「鬼」字（ ）作一人戴有巨大的面具狀。「畏」字（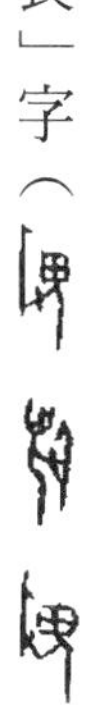）則戴面具者尚手持一把武器。「魅」字（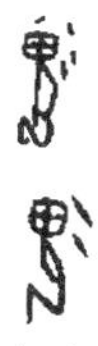）則作戴面具者的身上還塗有黑夜有發出閃爍燐光的磷之狀。由此可知巫師跳的舞有化裝，有舞具，有音樂，大致也有故事的內容。

金文的「夏」字（），表現一位巫師，在夏日的季節以跳舞的儀式祈求下雨的姿勢。商代只有春秋兩季，後來以祈雨的季節為夏季。可能因此又有冬季。《說文》：「，中國之人也。从夊（ㄓˋ）、从頁、从臼（ㄐㄩˊ）。臼，兩手，夊，兩足也。，古文夏。」

再看「武」字，甲骨文作（）諸形，都是以

一把戈及一個腳步組合而成。《說文解字》引用楚莊王的話「止戈為武」，說解為能把兵戈晏息而讓百姓免除戰爭之苦的才是真正的武功表現。

但是甲骨文以止字構形的字多用於表達走路與跳動的動作，止還沒有假借為止住的意義。創意比較可能有兩個：一是一個人拿著兵戈在行走，這是常見武士的形象，可以用以表達勇武的意義。另一解是拿著兵戈的舞蹈，這是王才能展示的舞蹈。

古代治理國家的最重要兩件大事是祭祀與軍事。為了祭祀鬼神，祈求人民的豐衣足食，就發展出舞蹈的節目。上文介紹甲骨文的「舞」字，創意大致是來自祈求豐收的團體舞蹈。至於軍事方面，也有相應的發展。先看文獻的記載。《禮記．明堂位》：「開歌清廟下管象，朱干玉戚，冕而舞大武。」（白話：登堂唱清廟的詩，堂下則管樂隊演奏象樂。舞隊拿著紅色的盾牌和玉製的窄斧，頭戴著禮冕而跳大武舞。）「大武」是具有王者地位的人才能展示的舞蹈。其較具體的描寫見於《禮記．樂記》：「總干而山立，武王之事也。發揚蹈厲，大公之志也。武亂皆坐，周召之志也。且夫武，始而北出，再成而滅商，三成而南。四成而南國是疆。五成而分周公左、召公右。六成後綴以崇。」（白話：舞隊拿著盾牌站立著，如山陵屹立不動，這是表現周武王克服殘暴商紂王的故事。突然高舉戈盾並且踏步，這是表達姜太公發動戰鬥的主意。到了武舞的末段，大家都坐下來，這是表達周公與召公兩人的治績。大武舞的隊形變化，首先向北前進。次一闋就滅了商朝。第三闋就向南方發動征伐。第四闋，南方的國家就入了版圖。第五闋完成時分成周公的左隊與召公的右隊，幫成王統治東與西方的領土。第六闋回到原來的位子，表示諸侯齊集京都，歡呼天子萬歲。）這是演繹周初武王克商一直到成王完成綏靖東方夷族的武功成就，很明顯是種具有故事內容的歷史劇。「樂記」所描寫的舞容是排列成隊的舞者，雙手拿著防身的盾牌與攻擊的戈戟，分列前進、後退或分隊的種種的變換隊形，頓足或舉干戈以表現克制敵人的行動。應該可以算是有道具、化裝、音樂或歌唱的歌舞劇。

「武」字在甲骨文都作為商王的名號，如武丁，文武丁，武乙，文武帝乙。想來「武」字具有特殊的含意，為有特殊身分者的事件，不是一般人民的行為。所以造字的創意，以手持拿兵戈在跳舞的說法，比較符合具有帝王地位者才能展示的氛圍。商代也有扳倒夏朝以及拓寬疆土的赫赫政績，也有與洪水奮鬥的艱辛歷程，商末的帝乙和帝辛也都有討伐東方夷族的武功成就，商王肯定會要求樂師們編成樂舞，用來享祭祖先和鬼神，也順便展示給賓客們看。不用說，這種含有誇耀及鎮懾、說教意味的樂舞是舞蹈的最初目的，是一種很巧妙的政治手段。所以文獻記載周代把樂舞納入教育的項目，大概就是想以音樂去教育學子，陶養成良好的德性。

甲骨文有商王占問使用何種武器跳舞以娛樂鬼神的事例。

如：丙申卜，唯茲戈用于河？唯舊戈用于河？

唯舊戈〔用于〕河？
（《懷特》1461）

這是甲骨文第三期，康丁主政期間的卜問，第一條問祭祀河神時使用目前使用的這種戈（茲戈）是否適當？第二條則是同一個問卜的另一個選項，問祭祀河神時使用以前用過的那種戈（舊戈）是否適當？這是甲骨文常見的現象，從正、反兩面來問同一個問題。

左上圖這一片的戈字，和一般戈字寫法有些不同，一般實用的戈是為殺敵的目的而鑄造的，講求戈前端的角度是銳尖的，這樣才容易刺進身體，達成殺敵的目的，所以在創造文字時就以一道橫畫來表達。但跳舞使用的戈，初期或是使用實際戰鬥的

戈字寫法，
前端以三角形表達。

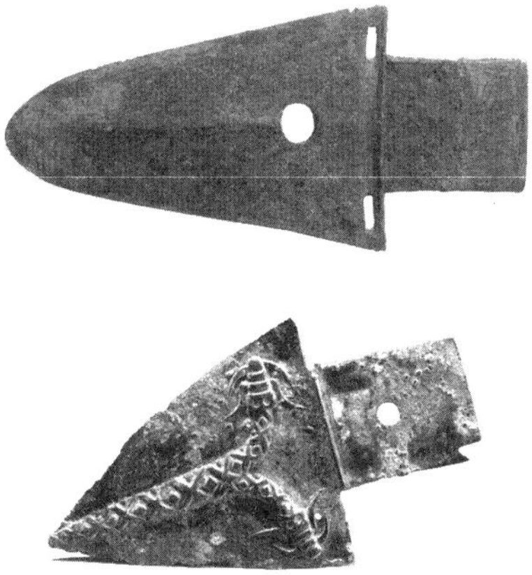

商代晚期的青銅戈
上長 20.5 公分，下長 26 公分。

戈，後來演變，重點在於象徵，所以戈前端的角度改為是鈍的，不適用於戰鬥，或是用玉來製作，它們不減威武的氣氛，卻可避免意外的殺傷，所以創造文字時戈的尖端就以三角形表達。前頁下圖的這兩把戈，尖端呈鈍角，難於發揮殺人的目的，應該就是跳大武一類舞蹈時使用的道具。

湖北荊門也出土一把有「大武開兵」銘文的銅戈，如左圖。戈上裝飾有大面積的圖紋，這是一般實用的戈所沒有的。這個紋飾表現一位巫師手持著狀如蜥蜴的舞具在跳舞的樣子。就像上文所介紹的舞字。這件戈的形狀也和一般實用的戈形式不同。所以推論「武」字的創意，比較可能是一種手持干戈揮舞的舞蹈。

兵闢太歲銘青銅戈
長 21.9 公分，寬 6.5 公分。
荊門漳河車橋出土。戰國，
西元前 403-221 年。

古文字中的樂器演奏

甲骨文「奏」字（）有進獻的意思，字形是雙手捧舞蹈道具一類的東西表演，但更可能是表現一件指揮合奏的用具。《說文》：「，奏，進也。从夲、从廾、从屮。屮，上進之義。，古文。，亦古文。」

商代的甲骨卜辭，「奏」經常與「舞」字連文。當「奏」字不與「舞」字同見時，就比較少言及有關雨的事。所以可能舞是祈雨舞蹈的專名，奏則是娛樂神靈的他種舞蹈或音樂。商代的「奏」往往加有形容詞，如盤奏、美奏、商奏、新奏、嘉奏、各奏等種種繁多的名目。商代尚不見嘔、歌一類的字，所以不管「奏」是一種樂舞或樂曲，必是與音樂成分有關的活動。商代卜辭有「奏戚」、「奏庸」之問。戚是儀仗的武器，庸是樂器，可知商代的奏確是一種樂曲的意思。從卜辭奏的名目這麼多，可以想見其時創作的豐富。古籍有帝紂愛好大規模的歌舞和演奏的描寫，大量的樂器聲調，需要有人指揮，否則樂聲就不整齊，看來奏字的創意是雙手拿著指揮道具，所以才有大型樂奏的意義。

甲骨文「音」與「言」，二字用同一字形表達，作一把長管的樂器形（）。此管樂的一端作喇叭狀，表示商人已注意到音樂的擴音效果。在一處仰韶文化遺址發現角狀的陶號角，長四十二公分，算是其前身了。

意義為八尺的「尋」字（），甲骨文作伸張兩手以丈量某器物長度的樣子。它所丈量的諸種器物中，有一形是長管樂器（），知道這種管樂的長度約是八尺（約等於一八五公分）。如此長的樂器較可能是單管而多孔。樂管的長度越長則發音低沉而傳播遠，短則清高而不及遠。中國西南地區以銅鼓召集群眾，也許在銅器未發明前，是用長的竹管。今日山區的居民有以長管的樂器作通訊的信號。古人初住山上，後來才慢慢移居平地，可能古代的中國人也以長管樂器作彼此聯絡的信號，因而用以表達言語的意義（從言是正經的言論，從口是一般的說話）。

「音」字有時只表示音響，不一定是值得欣賞的悅耳音響。「樂」字則總是表示能欣賞的樂音。「樂」字因為商代甲骨卜辭尚不使用於和音樂有關的事，所以創意有爭議。一般以為樂字像木頭上安裝有兩條弦線的樣子（）。後來的金文，在兩弦之間加上白的形（）。白的部分有以為是大拇指，或以為是表現琴撥，以表示用手彈奏的方式。如果弓是弦樂的前身，用手撥彈演奏應是最自然的。但是以手指或用琴撥撥彈弦樂似是較遲才發展的技法，早期是應該用敲打的。甲骨文有一字作樂字之旁有手持木棒敲打之狀。如果樂字的創意確實是弦樂的寫意，它就清楚的表現弦樂於商或前代是用打擊而不是用手指彈撥的。如《詩經．常棣》：「妻子好合，如鼓瑟琴。」管樂和弦樂是樂章的主調，所以代表此兩種樂器之字，就被合成一詞以代表音樂之事。音樂使人心情舒爽，所以樂字引伸有快樂的意義。

《呂氏春秋．侈樂》說商紂，「作為侈樂，大鼓鐘、磬、管、簫之音，以鉅為美，以眾為觀。」《史記．殷本紀》也說「大聚樂，戲於沙丘。」眾樂合奏就會要求絕對音高的一致，才能取得音調的合協，才不致混亂而成噪耳。

古時候能演奏多音程的只有管樂與弦樂。管樂的發音與管的長度、直徑同時有直接的關係。要經複雜管徑校正的計算，才能得出一定間隔而有規律的音階。對古人來說比較困難。至於弦樂，雖也受空氣溼度及弦線粗細等的影響，但一根弦線的間距與音高有明顯的直接關係，比較容易被人們觀察到。以弦線的長短依一定的比例來規定其音階，不但比較容易辨得到，也較容易把握得住，因而產生三分損益律。它是以一常數為基音，通過增減三分之一的長度以求得規律協合的音階。如以宮調的基數為81計算，則增宮調為徵調而長108，損徵調而為商調則長72，增羽調為商調而長96，損角調而為羽調則長64。其他音調的常數都可依此法增減而得。

管樂的發音規律太過複雜，如果利用弦的音調以校定其他樂器的音高，就比較容易達到目的。弦樂不但可以彈出眾多音程分明的聲調，也可以用來校正其他樂器的音調。一旦了解這個特點，它就很快被發展起來。

磬是一種扁平石板的敲打樂器。甲骨文的「磬」字（），作手拿著木槌敲擊懸掛著的石磬。後來加以石的意符，明白表示其製作的材

料而成為形聲字。攷是對個別磬的調音，所以是單線懸掛的形象，磬是演奏時多件磬的多線懸掛形象。石磬的聲調溫和，頗悅耳聽，所以甲骨文的「聲」字（），作耳朵在聆聽磬的聲響狀。石頭不易腐敗，是人類最早利用的素材。打擊樂是最先發展的樂器，石磬製作容易，其聲調又悅耳，出現的時間似應該甚早。但是目前所知的考古資料，最早的見於約是西元前二千到一千四百年的山西夏縣東下馮遺址，比起骨笛、骨哨和陶塤（ㄒㄩㄣ），都晚了幾千年。骨哨和陶塤大概是因工作需要而製作，故產生的時間早。石磬則可能因順應較晚時代的需要，因而製作較晚。

初期的樂器都是為了勞動、祭祀、禮儀等需要而製作，後來人文興盛才轉化為娛情之用。早期的石磬製作簡單，只是塊鑽孔可懸吊的普通石塊，沒有磨平，不具一定的形狀，定音的效果不好，比較不會起於作樂的目的。磬的聲響能及遠而溫和不煩噪，後世廟寺常備之以為召集人員作課業，或告知時刻之用。又從先秦時代有石編磬隨葬的，其地位往往高於有造價甚高的銅編鐘看，磬的製作可能來自警告入侵的敲打器，是基於軍事的需要，故為高權位者的象徵。爭端因經濟掠奪行為而加劇，是國家組織建立前普遍發生的現象，因此磬的出現與中國進入國家階段的時代相當，恐怕有點關係。江淹《別賦》：「金石震而色變，骨肉悲而心死。」即反映石磬在後代還與軍事有關。有頻繁的戰爭是較遲晚的事，所以晚於笛、哨的使用。

磬的形制，早期以呈無角棱的三角形或多邊形為多，形狀頗像鋤頭，因此想像創作的靈感來自以鋤頭挖土時敲到石頭，或人們歌唱而手舞足蹈時，偶爾敲擊到放置牆邊的石鋤而擊出悅耳的聲響，因此以鋤形製作敲打器。商代的磬有時作規整的長方形，西周以後就多作有股有鼓的倒L形特殊形狀。

甲骨文的「攻」字（），作一隻手拿著一個彎曲的棒槌在敲擊某種工字形的東西，而且還有三個小點在四周的樣子。甲骨文字形中的彎曲的棒槌，是特意要表達希望造成某種效果，所以把原來是作直柄的棒槌故意畫成了彎曲的樣子，這樣的例子有好幾個字。「工」字很可能是一種樂器，好像鐘、磬一類被懸掛著使用的樂器形。商代遺址所見到的狹長平板狀的石磬，可能就是「工」字所描繪的樂器。

每一件磬只能敲打出一個音高的音來。剛打造出的磬不一定能打擊出符合要求的音高，所以還要經過調整音高的步驟。調整磬樂音調高低，要點在於調整磬的形體，使它達到理想的厚薄與寬窄。刮削使磬的表面薄弱，音就降低。刮削磬的邊緣，則聲調就升高。因此要把音調降低，就要在磬的表面上刮削使薄弱些。升高音調就要把磬的兩邊磨窄一些。這種刮削磬的調音方式，《考工記》有記載：「已上則摩其旁，已下則摩其耑。」（使音調升高要刮磨磬體的旁邊，使音調降低則要刮磨磬體的表面。）甲骨文「攻」字，石磬下還有三小點，就是被刮下來的石屑。刮削石磬的表面或兩旁而產生了石屑，是對於石磬作校音的必要過程與形象。校音是為了改善音的品質，所以攻字也常有預期達到更好效果的引申意義。這樣看來，「攻」字的創意來自於使用棒槌敲打懸掛著的石磬，然後刮磨的磬體而致掉下石屑，用這種方式來調音。

此外，「攻」字也表現檢驗音調時石磬單獨懸吊的景況，與「磬」字所表現的演奏多件石磬時的懸吊方式有所不同。早期的石磬都是單獨的特磬，晚商偶有三件或五件成組的。到了春秋時代，演進到有十件以上尺寸各異的成組編磬，各具不同的音調，可以演奏複雜的樂曲。曾侯乙墓隨葬的兩層磬架，就懸掛有三十二件之多。

甲骨文的「龢」字（），從龠禾聲。是個形聲字。《呂氏春秋》有「正六律，龢五聲，雜八音，養耳之道也。」正六律是定音，龢五聲是調和聲音的和諧。由於管樂能夠奏出多個音調，聲音又宏亮，所以成為演奏的主調，其他樂器就屈居次要的伴奏地位，所以意義為調和眾聲的和字，就以一管樂器之龠為意符，以及禾為聲符組成。後來才簡寫成從口禾聲的和字。商代祭祀時所奏的樂，被提及的樂器以鼓和龠為最多，鼓為節拍，龠為主調。西周初期亦如是。到了春秋時代普遍鑄造懸掛的編鐘後，編鐘也可以演奏一組序列的音階，而且音調穩定，聲響宏亮，宜於祭祀、慶會等大眾聚會之用，就取代管樂而成為調和眾聲的主要曲調，才有了（龢）和鐘的名稱。

弦樂是利用弦線震動而發出聲響的樂器。在古代最可能使弦線震動而發出聲響的時機應是用弓箭打獵。早在三、四萬年前的舊石器晚期，人們就可能知道使用弓箭或彈丸，因而熟悉其震動的聲音。弓弦的音調因材料、張弛、粗細的差別而有異，古人有機會感覺到不同的弦聲音調而加以利用，所以認為弦樂起源甚早。有庖犧氏作五十弦瑟，黃帝指使素女鼓瑟，哀不自勝，乃破壞五十而為二十五弦的傳說。但一方面又說虞舜時增益為五弦，周武王時復增益變宮、變徵而成七弦。《禮記・郊特牲》說「殷人尚聲。」可能是指弦樂，但已腐敗於地下了。於古文字有「琴」、「瑟」二字還保留創意。

《說文》：「，禁也。神農所作。洞越、練朱五弦。周時加二弦。象形。凡琴之屬皆从弦。，古文琴从金。」象琴端調弦處的形象。

《說文》：「，庖犧所作弦樂也。从珡，必聲。，古文瑟。」瑟的弦線數量多，古文字形表現瑟調弦處的弦線很多的形象。

從理論的觀點，打擊樂最容易實行，應是最早製作的有意識的發聲器。但打擊樂多半是單音調，雖然對於野蠻時代的人們，已足以使他們隨節拍舞動手腳，但最容易製成多音程動聽音樂的卻是吹奏樂。人們容易發現只要挖幾個孔洞，就可以吹奏不同的音調，因此應是最早發展的主要演奏樂器。甲骨文的「吹」字（）作一人面對一件寬而短的器具吹氣狀。從「吹」的字形和意義可了解所吹的東西是陶塤一類的樂器了。陶塤發音的原理與管樂相同，只是其氣室為球形的陶器而非管狀而已。六千年前半坡遺址的陶塤，是個鑽一孔或二孔的蛋形樂器。

管樂是利用人造的氣流通過空管的內腔，因振動而發聲的樂器。只要有中空長管狀堅硬的東西都可以作成。所以使用骨、竹、金屬、玉石、陶等材料都可以製造。在發展的歷史上，應以天然中空的骨管、竹節為最早。舞陽的多孔骨笛是截取猛禽的腿骨，再鑽挖圓形孔洞而成。其形狀固定，有些先刻畫等分的符號，然後再鑽孔，鑽孔多為七個。一枝完整的骨笛，全長二十二點二公分，磨製非常精細。經過測音，可知至少有六聲音階，也有可能七聲齊備，屬古老的下徵調音階。孔洞與孔洞之間的音程為小三度略小，或大二度略大。但是因為骨的管徑不正圓，發聲很不穩定。也許因此古人們不發展多音孔的骨笛。或者改良以較為筆直的竹管製作，不能長久保存於地下而讓我們發現。

甲骨文的「鼓」字（），作手持鼓槌在打鼓的樣子。此字初創時應是打鼓的動作，後來兼有鼓樂器及敲打的意思。鼓槌都是直的，甲

骨文為了強調是樂器，所以有意畫成彎曲的。其他的樂器也都是如此表現。甲骨文「彭」字（）則作鼓之旁有三道短劃，表示短促而有力的「鼓」聲。鼓是大型演奏打拍子不可少的樂器，也是軍隊前進的節奏信號。

鼓是用獸皮張在中空的器物，以敲打發聲的樂器，並以彭彭的短促聲響成節拍。其製作較難，理論上應該比龠、磬等的製作出現要晚。

廣義的鐘是種利用中空而質地堅實、共鳴效果好的物體，使振動而發聲的器物。它可以使用角、木、玻璃、陶等材料製作，但最常見的是金屬。它可以由外敲擊，也可使用裡頭的懸舌撞擊。它可以拿在手中、豎立架上或懸空使用。橫斷面的造形可以有圓、方、矩、橢圓、多邊，邊緣有齊平、曲弧、花邊，體有平直、內掩、外張等多種形式，若加上鐘體上所加的裝飾花樣，則變化更多，因此有鈴、鉦（ㄓㄥ）、鐃、鐸、鐘、鎛（ㄅㄛˊ）、錞（ㄔㄨㄣˊ）于、鑼（ㄌㄨㄛˊ）等各種名稱。

甲骨文的「南」字（），作一個以繩索懸吊的鈴子

形。還有一字作手持彎曲棒槌敲打南形樂器的樣子（）。「南」被使用於方向的意義，真正的原因不可考。或以為懸掛式的鐘流行於南方，或以為在大型的演奏中，鐘樂器習慣被陳置於南面。在商代，鐘因為音程少，只可能是節奏性的配樂，不是樂章的主調。到了西周，一來是改用懸掛的方式，二來大概是較了解鐘體與音調之間的關係，可以鑄造符合一系列音調的鐘。

其他，甲骨文的「殼」字（），作以槌棒敲打牛角之狀。此字的音讀即如敲打中空牛角的聲音。鐘的初期形狀有可能來自較為易得的東西，有人以為甲骨文的「用」字（）即「甬」字的初形，為竹節的截斷形，可敲打出聲。它本來是手持的，後來加一環而可懸吊，便成金文的「甬」字（）。但這些說法還不能肯定。

第四講

生死之間的文字遺跡

商周時代的守喪與攝政

本篇講題，主要取材自我撰寫的《文字學家的甲骨研究室》的其中兩個章節，討論的是古代有關喪葬的習俗。（該書是二〇一九年底我在王雲五基金會，上「甲骨文的故事」課程的講稿，針對非甲骨學專業的人士，分十三章，大致就甲骨學的一些要點作介紹。）

孔子論三年之喪

古籍的記載多次提到，中國實行過子女為父母親守喪三年的習俗。孔子說三年的守喪期是上自天子下至庶人的通禮，但是墨家覺得守喪時間太長，會荒廢事務。連孔子的弟子也認為三年的時間太長。

《史記．仲尼弟子列傳》記載：「宰予字子我。利口辯辭。既受業，問：『三年之喪不已久乎？君子三年不為禮，禮必壞；三年不為樂，樂必崩。舊穀既沒，新穀既升，鑽燧改火，期可已矣。』子曰：『於汝安乎？』曰：『安。』『汝安則為之。君子居喪，食旨不甘，聞樂不樂，故弗為也。』宰我出，子曰：『予之不仁也！子生三年然後免於父母之懷。夫三年之喪，天下之通義也。』」

孔子的弟子宰予，認同墨家的主張，以為三年不實行禮儀，禮儀的制度會崩壞。三年不彈奏樂器，技術也會生疏而敗壞。建議於收割了新的穀子，過完了新年之後也就可以解除守喪，不必守那麼長久的喪期了。孔子就解釋，一個人出生後要經過父母親三年時間的懷抱和背負，才能夠下地來獨立自由行動，所以父母親死亡的時候也要用同樣的時間去報答父母親的恩情。不過，根據一般撫育子女的經驗，孩子一歲多就可以任由他們在地上自由行動了，很少再整天抱在懷中的，所以這種解釋可能不得其實。另有可能的原因。

南粵王的言論

想理解孔子與宰予師徒的對話，首先需要理解死在古代的意義是什麼。在任何社會，生與死的時刻，都是一生中最富有意義的時候。出生代表加入社會，有誕生、彌月、命名等各種慶祝的活動。死亡則是終止所有社會活動，是總結一生事業成就、論功過的時候，也常常伴隨著各種贈諡號、加官爵、建墓園等等榮耀死者的儀式和作為。喪家更是往往不惜花費金錢，讓死者得到適度的表揚，同時也讓在世者得到適度的滿足與安慰。喪儀也具有鞏固親戚關係、朋友交情的社會功能。但是，什麼時候才算是死亡呢？

甲骨文對於正常的死亡和異常的死亡，使用不同的字形去表達，似乎對於死亡的觀念和現在不太一樣。現在是以沒有呼吸或腦死為死亡的定義。但是《漢書・南粵列傳》，南粵王說了這麼一段話：

「老夫身定百邑之地，東西南北數千萬里，帶甲百萬有餘，然北面而臣事漢，何也？不敢背先人之故。老夫處粵四十九年，于今抱孫焉。然夙興夜寐，寢不安席，食不甘味，目不視靡曼之色，耳不聽鍾鼓之音者，以不得事漢也。今陛下幸哀憐，復故號，通使漢如故，老夫死骨不腐，改號不敢為帝矣！」

表明要等到肉身腐爛成為白骨的階段才算是完全的死亡，在這個階段之前，南粵王不敢再稱帝號而與漢朝抗衡。意味著他真正死亡之後就管不著兒子的作為了。臺灣有「骨頭打鼓」的諺語，是父親對孩子強調，要等他的屍體化成了白骨，才真的是死亡，不再監督孩子們的行為，否則還得受他的管制。說明到了屍體化成白骨的時候才是真正的死亡。這對於我們了解古代處理死亡的習慣有一些啟示。

甲骨文的「死」字

首先來介紹甲骨文的「死」字，有兩種字形；一個作一個人或側身或仰臥，躺臥在木結構的棺材中，有時有幾個小點在人的周圍，可能是表達隨葬物品（）。矩形的方框可能表現土坑或棺材。作井字形的外框者，應該是表現使用原木交疊而成的外槨形狀，這是貴族才能享有的禮制作法。這類的字群代表正常的，即一般的死亡，在商代的卜辭最為常見，但後世反而不再使用這類字形。另一個字形（），比較少見，作一個人跪坐或站立在一塊已經腐朽的骨頭的旁邊，或可能在表達哀悼的情境，或即將撿骨的動作，或加蛛（朱）的聲符。兩者都是在二次葬的埋葬方式時才會見到的景象。所謂二次葬，是在屍體埋葬多年過後，把血肉已腐化乾淨的骨頭挖出來，整理後再一次埋葬入土中的儀式。這種葬式或稱為洗骨葬，因為要把骨上殘留的腐肉清理乾淨。它起源很可能就是把老人送到山野，然後把野獸吃剩的骨頭加以整理後埋葬。這種習俗在新石器時代的遺址很常見。

甲骨文「死」字的第一類字形（），因為是正常的死亡，可以使用正常的埋葬方式。但「死」字第二類的字形（），甲骨卜辭罕見，似乎都表現不正常的狀況。例如，商王卜問派遣一位老將軍去遠地監督某部族的軍隊是否會順利，卜後的預示說是會順利的。但是事實上，二十幾天後老將軍竟然不幸在途中去世（《合集》17055，乎𠂤往見㞢𠂤？

在牛肩胛骨上的甲骨文（《合集》17055）
最長 25.8 公分，現藏加拿大皇家安大略博物館。
商代，西元前十四至前十一世紀。

王占曰：隹（唯）老隹（唯）人，途遘若。茲卜隹（唯）其匄（害），二旬㞢八日壬寅㠯夕殊。）很可能老將軍死亡的地點距離國都安陽太遠（可能是被敵人殺死的），不便或不可以舉行正常的埋葬儀式，只能取回其腐朽或處理乾淨過後的骨頭回安陽安葬，所以用這個罕見的人在腐朽白骨旁邊的「死」字形（）。

另有卜辭作「勿廾有示卿死，馹來歸？」（《合集》296）的刻辭。「馹」字有驛站傳遞的意思。這一次占卜，大概是因為名為示卿的人死在外地，所以詢問是否使用傳送的方法運回來安葬。還有一例，事後的驗辭說，結果是而不是（《合集》10405，旬亡禍？王占曰：〔㞢祟〕，其亦㞢來艱。五日丁卯子某，不。）表明在商代人的眼中，正常的死亡（）和不正常的死亡（）是有區別的。以前臺灣的習俗，死在屋外的是不能移進屋內來的。有可能代表正常死亡的字形，與後來「因」字與「囚」字的字形太過於接近，有混淆之處，所以西周以來的「死」字，就採用不正常死亡的第二類字形了（）。

（《合集》296）

（《合集》10405）

埋葬方式

不正常的死亡，可能也無法依正常死亡的方式埋葬。甲骨文的「葬」字（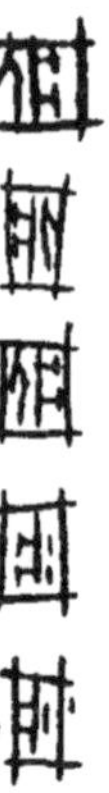），作一個人躺臥在棺槨內的一張有支腳的床上，這是正常的埋葬方式。古代的人，不管貴賤，平時都睡在地面上，所以甲骨文的「宿」字（），作一人躺在薦子上，有睡覺的意義。如果躺在有短腳的床上（），則是「疾」字，意義是生了重病。古代認為死在床上才合禮儀，生了重病就要作最壞的打算，死在床上才合禮儀。以前在臺灣，當有人病危時，就得將病人從睡鋪移出至正廳臨時鋪設的床上，稱為搬鋪或徙鋪。人們認為在睡房的鋪板上死，靈魂將被吊在半空中不能超度而會前來騷擾親人。所以古代正常的埋葬也要屍體躺在床上，如下圖，在湖北江

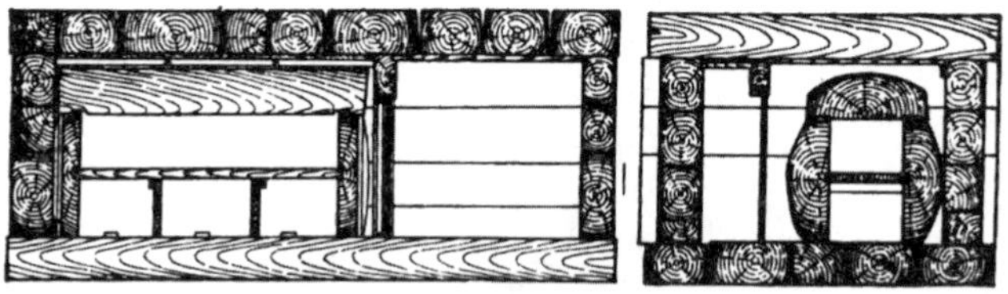

湖北江陵九店東周墓的棺槨形式
左為側面，右為正面。

陵九店東周墓的棺槨形式。南北朝時把棺材裡的床下移到棺材下面，到了更晚的時期，連承棺的床也不見了。

中國古代為雙親守喪三年（後來簡短成二十五個月，不違背前後三個年頭）的習俗，大半來自撿拾屍體化成白骨後再次埋葬的所謂二次葬。在華北，大致需要等待三年的時間才能把屍體化成白骨。但是在外國，二次葬也是很普遍的，卻沒有形成長期守喪的習俗。中國在華南的湖南道縣玉蟾宮，於一萬年前的遺址，二次發現稻穀的遺存，經過電鏡分析，有一枚確定為栽培品種，尚保留野生稻、秈稻及粳稻的綜合特性，是目前世界最早的人工栽培稻標本。保守的估計，在一萬至一萬二千年前，華南已有人工栽培植物，是世界最早農業發祥地之一。後來因為氣溫急遽上升，人們往北發展尋找合適的耕地，有一支在八千年前到了河北，建立了裴李崗文化，改為小米耕作，為後來的華北文明奠立基礎。難道是因為中國早已發展農業，可以固守家園，不像游牧民族必須四處找尋糧食，所以才能長期間守護親人的屍體嗎？

甲骨文的「微」字（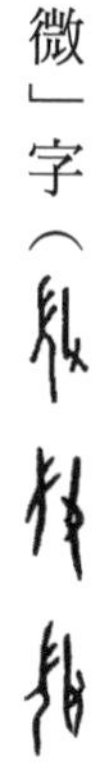），作一隻手拿著一根棍子從後面攻擊一位長頭髮的（老）人形狀。金文的的字形和結構相同（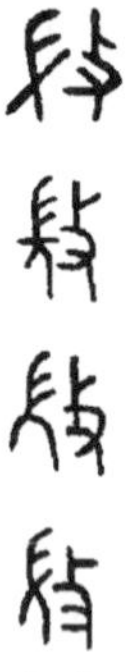）。《說文》：「，眇也。从人、从攴，豈省聲。」《說文》省聲的說法絕大多數是對訛誤字形的誤解。「微」字是一個表意字，不是形聲字。被打擊的人，頭髮是鬆散的。這比較是老人的形象。一般人的頭髮稠密，都使用一根笄把頭髮束緊起來使不鬆散。老人的頭髮可能已掉得稀稀疏疏，所以不加束緊，任其豎立起來。甲骨文的「老」字（），作一位拿著拐杖而頭髮鬆散的老人，或帶著特殊的帽子或頭巾形。「孝」字首見於金文，作一位老人以手搭在小孩頭上之狀（）。大概表示小孩扶持不良於行的老人。或者也可能表現老人關懷孫兒之情。在北京孩子又叫拐子頭，因為老人需要小孩扶持牽行，作用如同拐杖，小孩子扶持老人是一種他們能做的孝心行為，所以取以造字。所以甲骨文的「微」字是打擊老人的形象。

《說文》說「微」字有兩個基本的意義，一是眇（ㄇㄧㄠˇ），即眼睛瞎了；一是私下或隱密行動。「微」字有眼睛瞎了的意義，卻沒有畫出眼睛的形象。從文字創造的手法來推測，因為不容易使用實體描繪的方式表達眼睛瞎了的意義，所以需要借用某種習俗加以表達。很可能是因為老人的視力已經不良，在生產效率不高的古代人，必須殺死老人以減輕家庭的經濟負擔，所以取以為眼睛瞎了的意義。至於偽裝、祕密等意義，可能是因為實行殺害時不讓老人知道（所以字形作從背後攻擊），或不在公眾之前施行。也有可能因為受到棒打的常是體弱有病的老人，所以也有生病、微弱等意義。《說文》所列舉「殺」字的古文  ，與甲骨文「微」字的字形幾乎一模一樣，應該是個被誤釋的字，至少「微」字也包含有殺的動作。

生與死的現象，是古人無法理解的諸多事物之一。同時，他們認為萬物皆有精靈，死後精靈也有某種生活形態，並不是永久的死滅。既然死與生有這樣的變化，那麼靈魂是如何離開身體的呢？就不能不想出個答案來。古人看到皮膚破裂會流血，流血過多會死亡。這種觀察可能導致人們相信，要獲得新生命，就得讓血液從身體破壞而出，靈魂才可以隨著血液逸出體外，重新投胎出世做人。因此很多民族，原來都有

「不流血的自然死亡是不吉利」的想法。因為靈魂得不到解放，就會導致真正的死滅，所以很多人不怕死，只怕不得其法而死。

六千多年前仰韶文化的彩陶或可印證這點，如左上圖。

紅衣黑彩人面魚紋細泥紅陶盆
口徑 44 公分，高 19.3 公分，陝西臨潼姜寨出土。半坡類型，約 6000 多年前。

這個盆底平而略小於口，腹部略外鼓，口部捲唇外伸。盆一般是為盛水或食物的用器。但是這個盆造型甚大，製作講究，不像是一般的家庭日用器。在仰韶文化，彩陶數量非常少。彩繪的塗料，大都是燒製以後才塗上去的。顏料會溶於水或沾黏上食物，所以也不是日常的用器。此類的大口盆，常在底部鑿出小孔，有學者認為這種盆是覆蓋死者的二次葬用具，小孔與靈魂跑出體外的信仰有關。紅的塗料大半是含氧化鐵的赭石，在古代算是珍貴的礦石，可能在仰韶的社會，是高階層的人才有辦法使用的。赭石也有的被磨成粉，灑在屍體四周。血是紅色的，在很多社會被用來代表生命。所以紅色的彩陶是一種流血出魂的表現。

身體不破壞，靈魂就沒有辦法從身體逸出而前往投生，重新回到人間來。使人流血而死的最簡易方法，應該是使用暴力，對古人來說，以老弱病殘的身軀，更換一具新生健康的身體，沒什麼可遺憾的。所以「微」字表現中國古時候有把老人打死使其超生的習俗。在文明人看來，是很不人道的野蠻行為，為法律、人情所不許。但是在那釋放靈魂才能前往投生的時代，打死親人是為人子者應盡的孝道，否則死者靈魂會因不能再生而騷擾親人，成為全家的真正不幸。

甚至到清代初期，愛新覺羅．昭槤的《嘯亭雜錄》中「和真艾雅喀」一節寫道，吉林東北有和真艾雅喀部，在金朝時代屬女真族。其人濱海而居，剪魚皮為衣。其舊俗，父母至六十誕辰日，會聚親友，分食他們的骨肉，然後將屍骨埋葬於門前，按節日祭拜，這樣才是「孝子」。

民俗調查者在四川省發現出自同一來源的兩則故事，反映出當地以前有殺害老人而吃食其肉的習俗。故事敘說某個老人在屋頂修補茅草蓋，其子在屋下燒開水，大叫父親下來，以便烹煮以饗宴村人。父親回答說他尚有謀生能力，請兒子晚些時日才執行。但兒子答以父親已吃了他人的肉，現在輪到他回請的時候了。父親覺得無可辯解，只好下屋頂來接受烹煮的命運。另一則故事則是父親要兒子殺一頭牛以代替他，從此該鄉的人，喪家就宰殺一頭牛來宴請村人，不再殺老人了。這個故事無疑反映古時有殺害老人、解放精靈以投生的古老傳統。

西元前三世紀，屈原於《楚辭．天問》中有「何勤子屠母而死分竟墜」（鼓勵孩子殺了母親而把屍體四處分散）的反問。大概楚國宗廟的壁畫上，有夏朝的國王啟殺害自己母親的故事，屈原不了解這種古代的習俗，才對天提出質問，何以做出這種大逆不道行為的人，還被認為是賢良的君王。後世的好事者更造出神話，說夏啟的母親怕被整治洪水的丈夫夏禹見到，就急走，被追急了就變成石頭，因為夏啟的母親即將臨盆，所以石頭就爆裂而生出啟，所以等於是啟殺了自己的母親，並使得屍體分散於數地。

後來社會文明程度提高，人們不忍心親手殺死年老的親人，就改為把老弱送到野獸出沒的山野，讓野獸來執行放血釋出靈魂的工作。等野獸把血肉吃了以後，才撿回骨頭加以埋藏。

漢代有一則故事。原穀幫父親一起把祖父抬到山上去丟棄。當原穀把擔架帶下山時，父親問他為什麼要把擔架帶回來，原穀回答說是要留待將來抬父親到山上。父親不願自己將來被送上山，孤零零的等待被野獸咬死，因此就把祖父又抬回家奉養，原穀因此獲得孝孫的好名聲。

東漢及北魏畫像石上的孝孫原穀故事

北美洲愛斯基摩人到晚近時候仍有丟棄老人的習慣，這是很多人都知道的。日本也有同樣習俗，表現在有名的小說《楢山節考》。著名作家井上靖也曾回憶母親在小時候給他說過這樣的故事。

漸漸人們又覺得，把老人送到荒山郊野等野獸來咬死，是種不仁的行為，就改為等到老人死後才丟棄於荒野，過些日子再去撿回已被野獸吃剩了的骨頭加以埋葬。戰國初期的《墨子・節葬》：「楚之南有炎人國者，其親戚死，朽其肉而棄之，然後埋其骨，乃成為孝子。」（楚國的南方有一個國家叫炎人國。其國人有親人死了，就丟棄，等肉體腐朽了，然後撿拾骨頭加以埋葬，這樣才能成為孝子。）指的就是這一類的葬俗。

甲骨文有「𣦼」字（殘）（），表現一隻手在撿拾一塊枯骨的樣子。屍體被鳥獸所吃剩的骨頭大半不能完全保留，所以是殘缺的意義。這是常見的景象，所以借用表達殘缺不全的意義。《說文》：「，殘穿也。从又、歺。歺亦聲。凡𣦼之屬皆从𣦼。讀若殘。」用殘穿來解釋𣦼的意義，很可能是把四散的骨頭收集以

後，再使用繩索把骨頭串連起來，這樣埋葬在土中或安放在甕中就都比較方便。臺灣早期的習俗也是使用紅線把骨頭串連起來後再次埋葬。後來更為了不佔用有限的土地，也同時節省費用，就把骨頭火化後放在小甕中了。

與撿骨的喪俗有關的「𧮫」字，《說文》：「，溝也。从𣦼、从谷。讀若郝。，叡或从土。」小篆的叡（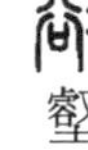壑）字，原先由三個構件合成，一隻手、一塊枯骨、及一個河谷。其意為用一隻手撿拾在深谷的白骨。深谷是一般人不去的地方，是丟棄屍體的好場所。人到深谷，常是為了撿拾親人的骨頭，所以使用這種習俗做為造字的創意。在較早的時候，使用手撿拾骨頭，即足以表達深谷的意思；後來加上谷的部分，只是使意義更為清楚而已。

不論是自然腐化或是讓鳥獸吃食，殘骨都不會是乾乾淨淨的，還要加以整理，猶如清洗骨頭使之乾淨，所以二次葬又稱為洗骨葬。稍晚於墨子的《孟子．滕文公上》：「蓋上古嘗有不葬其親者，其親死則舉而委之于壑。他日過之，狐狸食之，蠅蚋姑嘬之，其顙有泚，睨而不視，……蓋歸反虆梩而掩之。」（上古的時候，曾有不埋葬親人的例子。親人死，就把屍體放到深谷去。其後某日經過，看到狐狸在啃食，蒼蠅一類的也在叮咬屍體。看得額頭冒汗，不忍心看下去……就回家拿鋤頭、簸箕加以掩埋。）說明由於不忍見到屍體受鳥獸摧殘的心境，才改良成為埋葬的方式。

中國某些地區少數民族將此習俗保存得更久。東北地區於人死後，高掛屍體於樹上，讓鳥啄食腐肉，或丟棄原野讓野獸吃。如果撿回的骨頭沒有被吃得很乾淨，還有肉殘留著，就表示此人生前有罪，家人就會大為不安。西藏的富裕者甚至要延請僧人割下肉塊並且以之餵飼鳥獸，連頭骨也要搗碎，混合食物以餵食鳥獸，務求屍體不留下痕跡。

甲骨文的「弔」字（），作一個人（）的身上被繩索索捆繞的樣子。也有人身簡化成一直線的例子。東北地區於人死後，高掛屍體於樹上，讓鳥啄食腐肉，然後把剩下的骨頭埋葬。這不是處罰罪犯的方法。如果是罪犯，就要使多吃一點苦，使用倒栽的方式。《說文》：「，問終也。从人、弓。古之葬者，厚衣之以薪。故人持弓會毆禽也。弓，蓋往復弔問之義。」把繩索誤會為

弓箭，以為使用弓箭驅趕禽鳥使離開屍體，加以保護。這就和創造此字的用意完全相反了。

廣東和臺灣地區，不久前還保存著「蓋水被」與「點主」這兩種喪葬儀式，反映的就是親自殺死親人的上古遺俗。

蓋水被儀式的水被，是指一塊五尺來長，二尺多寬的白布，在中央縫上一幅等長而一尺多寬的紅布，紅布即為血的象徵，血是液態的，故稱「水被」。在入殮之前，要先由孝子為屍體蓋上水被，然後再輪由其他親人向屍體蓋被。

至於點主的風俗，則流行甚廣，現在很多地方都還在實行。那是請一位有名望的人，在預先寫有王字的神主牌上，用朱筆點上一點而成為「主」字，完成埋土之前的儀式。主字的意義是祖先靈魂駐紮的地方。這些特殊的埋葬儀式，也是和棒殺親人的習俗有關。有些地方的「點主」儀式，要使用孝子中指的血點觸白骨，將血自身上流出體外以釋放靈魂的遠古觀念表現無遺。廣東連南瑤族的洗骨葬，是將雞血或兒子指頭的血滴在頭骨上，也具有打擊頭部的象徵意義。

由於人們有惻隱不忍的心，埋葬習俗才從棒殺老人演變到遺棄老人於山野，讓鳥獸代替人們殺死老人。再演變到死亡之後才送屍體到人跡不到的地方。雖然有了以上的演變，但是基於必須流血而死的禮儀觀念，喪葬儀式中可能就以紅色的東西代表血。

六千多年前的仰韶文化及其後的墓葬，朱砂是常見之物。在商代，稍具規模或屬於士族的墓葬，幾乎都有紅色的朱砂，只有低階級民眾或奴隸才不見朱砂。而且這種現象不僅見於中國新石器以來的墓葬，也見於外國的墓葬，可以視為全球性的現象。比較合理的解釋是紅色代表血，表示賦予了新生命。也有可能這是已經施行過撿骨的禮儀，所以商代的上階層，屍骨大都不見了。一萬八千多年前的山頂洞人遺址，屍骨周圍就發現灑有赤鐵礦的紅色粉末。由於這個遺址年代太早，還難斷定那時候是否已經發展到以紅色的東西象徵血的宗教意識。

拜尸的習俗

中國古代有一種習慣，在祭祀時，以年幼晚輩蹲坐在上位而稱為尸以象徵祖先，並接受拜祭。甲骨文的「尸」字（），作一個人曲腿而蹲踞的樣子。在商代，蹲踞形式是東夷人的坐姿。這本是人類最合理的姿勢。膝蓋或屁股不必接觸地面，不會弄髒身體。但是中國的貴族卻選擇了比較不自然的跪坐方式。在戶外不便跪坐，就只得站立。蹲踞因為不是有教養的人的坐姿，《論語・憲問》的「原壤夷俟」，即原壤以東夷人的蹲踞姿勢在等待孔子的到來，這是一種不禮貌的行為，所以孔子很不高興。

其實，蹲踞也是二次葬所採用的埋葬姿勢。人死的時候軀體是僵硬的，等到身體腐化成白骨，再次被收殮而排列整理時才能呈現此姿勢。中國古人的觀念，屍體腐化成了白骨，再經過一次儀式才算真正的離開人間。所以南粵王才說從此就不能保證自己對漢朝皇帝的承諾了。《說文》解釋尸字是表現人臥下之形。段玉裁代為解釋，是說象首俯而曲背的形象。其實是表現一人蹲踞而坐，不是睡臥，或者伏身拜首的形象。

《儀禮》有多篇章述及祭祀迎尸的事情。《禮記．曲禮上》說，「若夫，坐如尸，立如齊。禮從宜，使從俗。」明白說尸為坐姿。蹲踞雖然是東方夷人的坐姿，但也是二次葬的葬姿，中國古代的迎尸，應該不是取法東夷人的坐姿，而是取法於葬儀的二次葬式。

祭祀時代表祖先的尸，既然以二次葬的姿勢接受禮拜，很可能舉行了二次葬之後，喪事才算完畢，才能視之為祖先而接受祭拜。屍體化成白骨的時間，如果暴露於空氣，血肉很快就被分解掉，要埋葬在地下才能保持較長的時間。但所需要的時間，依埋葬的方式、棺材的材料以及土地性質的條件，差別非常大。在臺灣，短則兩、三年，長則七、八年。古代在華北，可能一般為三年。屈原的《天問》：「鴟龜曳銜，鮌何聽焉？順欲成功，帝何刑焉？永遏在羽山，夫何三年不施？」臺靜農的註解：「《山海經海內經》郭璞注引《開筮》曰：『鮌死三年不腐，剖之以吳刀，化為黃龍也。』……據此，知本文意謂鮌雖長絕於羽山，何以時經三年而其尸不腐耶？」明白表達屍體腐化成為白骨的時間，在古代中國一般為三年。

人的死亡，除了自然或生病的原因以外，還有人為的暴力加害。在中國擊殺老人的習俗，可以追溯到幾十萬年前的北京周口店猿人。外國的舊石器遺址也常有老人的頭蓋骨被人用利器擊破的例子。很多學者以為，幾十萬年前的社會，不會為了經濟的原因殺老人，擊破頭蓋骨是人吃人的現象。或以為吃人肉並不是為了饑餓，而是古人以為吃了別人的腦可以增強個人的精神魔力。或以為也有可能是為了經濟或對他人有利的不同考慮。

上古的人類生產力低，經常糧食匱乏，尤其是在疾病流行或部族遷徙頻繁的時候，病弱的老人往往建議把自己殺了餵食同胞，解除族人饑餓的危機。對那些老人來說，能對族人有所貢獻，也是一種解脫，要比病死而腐朽於地下心安得多。其實，這些意見是值得商榷的。

在那遙遠的古代，爭端少，不應該有那麼多人因為戰爭的緣故被打死。而且在古代，五十歲已算古稀。依據統計，舊石器中期有一半的人死於二十歲以前，舊石器晚期則有三分之一的人死於二十歲，只有十分之一達到四十歲。八千年前時，依裴李崗的墓葬年齡統計，八十人中，最年長者為四十一歲，只二人。兩歲以前者三十六人。就是到了周代，五十六歲以上的也只佔有百分之七。很顯然，在那個時代，五十歲算是很老，不容易照顧自己的生活了。

至少有七千年歷史的廣西桂林甑皮岩遺址，發現有十四個人的頭骨。其中四具頭骨，發現有明顯的人為傷痕，是以棒狀物或尖利器物劈削，或以尖狀器物猛力穿刺等致命傷痕。其年齡都在五十歲以上。其他年輕人的頭骨就沒有這種現象。顯然這幾個甑皮岩老人，都是因為年老體力衰，難以照顧自己的生活，便由子孫執行再生的儀式。被殺的人沒有感傷，執行的人也不覺得有罪惡感。類似的習俗到很晚期的時代還保留。基於這樣的解釋，就比較容易理解甲骨文的創意。

接著再來了解甲骨文的「吝」字（），由文字與口字構成。口的符號在甲骨文經常代表四種事物之一：嘴巴，容器，坑陷，以及無意義的填充符號。《說

文》解釋吝字的意義是恨惜，結構是從口文聲。恨惜的意義和嘴巴好像可以有關聯。但是，吝的聲母屬舌邊音，文的聲母屬唇音。依據形聲字的習慣，兩者是不相諧合的，不應作為聲符。那麼「吝」字是如何創意的呢？還要先了解「文」這個字。

甲骨文的「文」字（），作一個大人的胸上有花紋的樣子。金文的字形表現得更為清楚（），胸上所畫的花紋有心、口、小點、交叉等紋。《說文》的小篆字形（），是簡化後的字形，所以看不出是有關人體的形象，因而以為代表交叉的花紋樣子。在胸上刻畫花紋，顯然不是為了美觀。中國人穿衣服的歷史超過萬年以上，花紋被衣服所遮蓋，根本無從顯示美觀。「文」這個字被用於描述高貴死者，譬如金文銘文所常見到的前文人、文父、文母、文祖、文妣、文報等名詞。從來不用文這個字來稱呼活人，後來才引申文字至有文采的事務，如文才、文章、文學等。紋身是中國古代葬儀演化中的一種形式，用刀在屍體胸上刻畫花紋，使血液流出來，代表釋放靈魂使前往投生，可以重新回到人間來。

既已了解到「文」字表現對死人所做的釋放靈魂的儀式，還從葬字知道，正常的死亡屍體需要陳放在棺內的床上。以此來看「吝」字，原來「吝」字是表現一個死人埋在一個土坑裡，這就容易解釋為何有惋惜、恨惜的意思了。因為哀憐這個人沒有死得正常，不能以有床的棺木來收殮，只能挖個土坑掩埋算了。心懷哀戚的情感也是一種抽象的意義，古人高明地想到利用這種習俗來表達。

當一個人死在外頭時，至少從商代開始就有招魂的儀式。甲骨文的「還」字（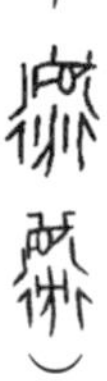），後來改為（）字形。前一形由行道（）、有眉毛的眼睛（）、以及耕田的犁把（）三種形象所組成；後一形則把犁把換成了衣服（）。

古代一般人不常出外旅行，客死在外的大多是士兵，而兵士又多由農民所組成。客死在異地時，要由巫師以死者使用過的犁頭去招魂，然後才能安葬。後來可能遠赴異地的不限於農人出身的士兵，也常有經商的人或使者客死在異地，所以就改用死者的衣物去招魂，就像今天臺灣的情況，揮動死者的衣服並呼喚死者的名字，把靈魂招回來安葬，而且客死在外的屍體不能夠搬進屋內來。著名的文學作品《楚辭》有〈招魂〉、〈大招〉兩篇，就是源自招魂時所唱的歌詞。

可能是三年喪期的現象

1. 武丁亮陰（守喪）三年

中國有個著名的商代傳說，最先見於《尚書．無逸》篇：「其在高宗……作其即位，乃或亮陰，三年不言。」高宗是商朝對武丁的封號。在文獻裡，亮陰也有寫作涼陰、亮闇、梁闇等等的。有學者認為這是表達新即位的武丁守喪三年，不對國政表示意見，由輔政的大臣全權處理政務。如《史記．殷本紀》：「帝武丁即位，思復興殷，而未得其佐。三年不言，政事決定於冢宰，以觀國風。」甚至有人認為《尚書．堯典》：「二十有八載，帝乃徂落，百姓如喪考妣，三載，四海遏密八音。」連百姓哀悼帝堯的死亡，也為之守喪三年，不演奏音樂。不過也有人主張武丁是得了不能說話的病症。三年不能言語，時間未免有些長，而且與三年守喪的時間也太巧合了些。

屈原的《天問》曾質疑為什麼鯀（夏禹的父親）死了三年還不化為白骨。《路史·後紀》：「鮌殛死，三年不腐，副之以吳刀，是用出鮌。」解釋鮌（鯀）因為死後三年身體還不腐化，要使用吳刀剔除成白骨。唐代的時候，李白有要事要離開四川，所以也用刀把朋友的屍體解剖成白骨，完成了喪葬的儀式。可以想像，不論服喪的形式如何，都要等到屍體化成白骨，喪事才算完成，一般需要三年的時間。後世已不詳其由來，才解釋為三年不離父母之懷。離不離父母之懷的時間是有彈性的，但等待屍體化成白骨的時間比較有其必然的物理性，因此才有三年之喪的習俗。

2. 商代日干命名與撿骨時間的關聯

商朝的人（起碼是貴族）有個習慣，死去的祖先要冠上甲乙丙丁一類的天干名號。如康丁、文武丁等商王的名號，或是父乙、父丁、母乙、母丁等的親屬稱號。大都認為日干名號的選定取決於誕生日或死亡日。但是近代有學者張光直看到商王的名號大都集中在甲、乙、丁、庚等幾個干日，認為不應該是誕生或死亡的日期此類自然現象，而應該是人為的。因此假設商王的繼承權是由兩個家族群之間輪流，上下兩代是舅甥的關係而不是通常的父子的關係。學者們也紛紛想出了十幾種可能的因素。我曾經論證，商王上下兩代確實是父子的關係，但也不能解釋為何集中在幾個干日的名號上。後來才恍然大悟，撿拾白骨的儀式才是真正死亡的日子，所以古人說商人死後的命名是依據死日，就可以解釋是指撿拾白骨的日子。這是可以自己挑選日子或經過占卜的手續決定的，所以才形成多集中在某些日干上的情況。

3. 祖先名號的差別

在卜辭中，還見到一種現象。在祭祀祖先時絕對會使用日干的名號，如父乙、母甲、祖甲、妣庚等親人稱呼，或大甲、文武丁等王的尊稱名號。但是偶爾會見到不使用日干名的記載（《懷特》1268）。

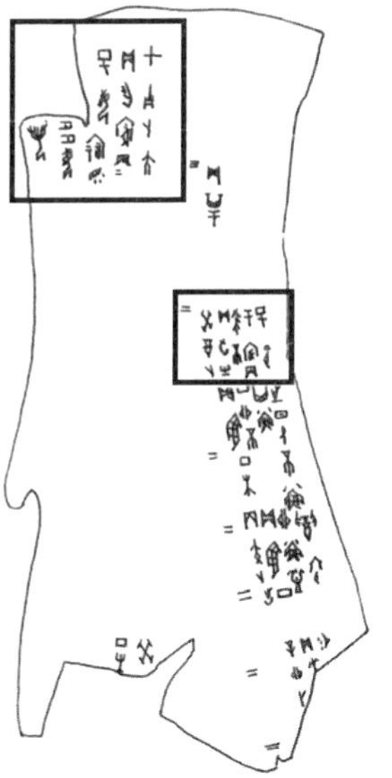

《懷特》1268，第二期卜骨

癸酉卜，貞：旬㞢祟。不于𢈈（家＋盧）子？四月。　二（序數）

甲子卜，大貞：乍𢈈（家＋盧）子，母䆀罘多母若？　二（序數）

這一版是第二期的卜辭，一般的意義乍（作）是建築。𢈈（家＋盧）子或者應該讀成𢈈（家＋盧）巳，因為甲骨文「子」與「巳」這兩個字可能同形。比較可能是要建築某種建築物。第一卜的內容是已經得到預示，下一句將會有災難。所以想要知道不會是發生在這種打算要建設的工事上嗎？

第二條卜辭與第一條卜辭有關，打算要建設這種建築，問會不會得到母䆀以及多母的順諾（護佑）。絕對多數的祭祀都會提到死後的日干名號，如母甲或母乙等。人死後才能接受祭祀。母䆀顯然已經死亡，竟然使用生前的名字。合理的解釋，是還不到三年，還沒有經過撿骨的死亡儀式，所以還沒有給予日干的謚號。佐證撿骨後才是真正的死亡，才有日干的謚號，很可能是守喪的一種表現。

另外再舉一個例子。也是第二期的卜骨（《合集》24951），其中最右邊的一個占卜，辭作：

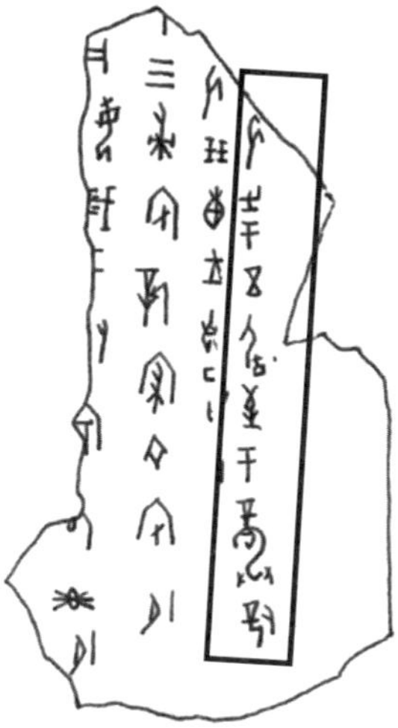

《合集》24951，第二期卜骨

☒丑㞢于五毓至于龔辟ㄙ☒

雖然這條卜辭前後都有所殘缺，但知道是使用㞢的儀式來對五毓至于龔辟ㄙ等祖先所作的祭祀。五毓是五位在正式名單上的五位最親近的過世的祖先，龔辟顯然也是死去不久還沒有給予日干的封號。所以在商代，應該撿骨之後才是正式的死亡，才給予日干的封號。

4. 周祭的怪異現象

周祭又名五種祭祀，始見於第二期，第五期帝乙與帝辛的時代成為非常嚴謹的一種祭祀系統。共有翌、祭、壴、劦、肜五種祭祀，分為翌、劦（包括祭、壴）、肜三組。五個祀典連續舉行，男性祖先都從上甲起，逐一祭祀到王的上一位祖先，女性的祖先則限定有兒子即位為王的，從示壬的配偶到上一位王的配偶。有祭祀的名單，祭祀的日期都在他們的謚號的日干上。全部祭祀完畢一周大致是三百六十或三百七十天，對於每一位受祭祖先都有固定的日期，可以作為太陽年的曆日看待。這個祭祀名單可以用來糾正《史記．殷本紀》的帝王名單以及各帝王之間的關係。而且這一類的祭祀往往紀明舉行的年、月、日，可以用來復原非常可靠的祭祀實況和個別的月日。筆者是研究這個專題的有數人之一。因為這種有嚴格系統的祭祀是帝乙才開始的，翌是每個系統開始的祀典，可是我卻發現帝乙一祀一月的祀組是劦，可以肯定帝乙的周祭系統應該從前一年的七月翌工典開始的。研究甲骨周祭的學者都猜不透這個現象的原因。現在才恍然大悟，原來繼承的王帝乙在守喪，有攝政大臣在代行王的祭祀任務，所以出現有帝乙元年之前的周祭的祭祀卜問。

5. 廩辛存在的問題

《史記．殷本紀》記載庚（周祭祀譜作康）丁的前一位王是廩辛，但是商代周祭的祀譜卻排不進廩辛，也沒有祭祀廩辛的周祭卜辭。看起來《史記》是錯誤的，而現在也發現問題所在了。第三期的卜辭，明顯有兩類。一類的前辭的形式是有貞人的名字的，刻辭的書體不同，長鑿的形態也全然不同，卜辭數量也少得非常多，經常使用龜甲占卜。另一類大量的卜辭，作沒有貞人名字的前辭形式，書體也小而剛勁有力，都使用卜骨。以前也不曉得其原因，現在大概可以猜測為，廩辛是康丁守喪時期的攝政大臣，所以有他攝政時期的卜問內容，但因為不是真正的王，所以沒有列入祭祀祖先的名單內。《史記》不察，把廩辛也列入商王的名單。《史記》商王的名單有沃丁而周祭裡也沒有，恐怕也是同樣的原因。

還有一事，周朝於周武王死後，由周公攝政三年後才歸政於周成王。從此再也沒有攝政的事例，而世稱周公制禮作樂，很可能以後的王不再守喪，也沒有攝政的設置，恐怕就是周公制禮的重要內容之一。

結論

因為古人有屍體化成白骨才算真正死亡的觀念，在華北，一般需要三年的時間，所以才有撿骨的動作，因選擇吉日撿骨，所以才有死後名號集中在某些干日的違反自然死亡的現象。基於以上所提出的幾種現象，我們有相當的理由懷疑，在商代，起碼在貴族的社會，已經有守三年喪期的習俗。

二〇二一年我在新匯流基金會講授中國文字的課程，有學員問我有關散氏盤的銘文問題，我想把我以前的教材給她作參考，因為有商王朝有攝政的新認知，無意中發現一個歷史上的大問題，包括我在內，是多少學者以前沒有想到的歷史事實。西周初期有個天亡簋，其中有一句銘文：「天亡又（佑）王衣祀于王丕顯考文王，事喜上帝。文王監在上，丕顯王作省，丕䋣王作庸，丕克訖衣王祀。」這個銅簋的年代，有以為是武王、昭王或康王。

天亡簋
通高 24.2 公分，口徑 21 公分。
周武王時期。

天亡簋銘文

乙亥，王又大豊（禮），王凡三方。王祀于天室，降。天亡又王衣祀于王不（丕）顯考文王，事喜上帝。文王監才上，丕顯王乍省，丕緐王乍庚（庸），丕克乞（訖）衣王祀。丁丑，王鄉（饗）大宜，王降，亡得爵復⧅（囊）。隹朕又麋（慶），每啟王休于尊皀（毁、簋）。

學者們都沒有想到緐王是誰，因為歷史上找不到他。這銘文稱文王為顯考，考的意思是死去的父親。所以這是周武王時代的作品沒錯。周武王被稱為丕顯王，還沒死。怎麼多出一個緐王呢？因為歷史沒記載，而且這個字的真正意義也沒人知道，現在有了商代已有「攝政」的認知，周代也有周公輔政成王的記載。這就應該是承繼以前的傳統。周武王也有輔政的人，只是周公制禮，把攝政的制度給廢止了，所以歷史變成只知道周公攝政的事。既然周武王未死的時候有緐王，這就應該是攝政王的謚號。而且銘文說丕顯王只是省視，緐王卻是作為，終止了商王的祭祀，亦即滅亡商朝！對於周朝來說，這位緐王有多麼偉大的成就！還有，看來攝政可以稱王，有爭論的周公曾經稱王也絕非不可能！周在共和以前的年代不確定，可能也和攝政的年代有或沒有被算進去的差別有關。商代對於各個王的年代也有不同的記載，可能也因相同的原因。我以前教課的時候，沒有讀懂這篇銘文的確實意義，現在卻突然了解了，就是因為近年對於古代守喪與攝政習慣，有了新的認知。

有時學術上的新發現就是這樣突然得來的。

第五講

文字裡的日常生活史

從文字的創意看古人生活

文字是高度文明的產物。對於一個有形的物體比較容易用象形的方式去表達，例如一隻老虎很容易以畫一隻虎的形體去表現。但是物體只是生活表達的部分內容，其他還有動詞、形容詞、連接詞、副詞等等，這些都是沒有形體可描畫的抽象意義。要如何才能表達，就不那麼簡單了。西洋的語詞因為大都是多音節的，比較容易透過多樣化的音節去表達，所以文字的主體就利用標音的方法成為拼音文字。但是古代中國的語詞主體是單音節，如果也採用音節表達的方式，就經常會發生混淆的狀況，所以

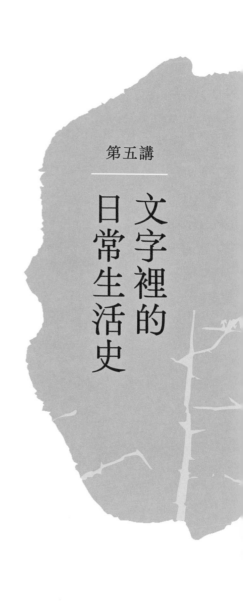

就使用單字表意的方法。

中國的語言，偏重於單音節，嘴巴所能發聲的音節是有限的，如果大量使用單音節的音標去表達意義，就不免經常遇到意義混淆的弊病，所以自然發展成了今日表意的形式而沒有走上拼音的道路。

中國的漢字，由於不是用音標表達意義的，所以字的形體的變化不與語言的演變發生直接的關係。

融通性與共時性是漢字的最大特色，一個漢字既包含了幾千年來它的字形的種種變化，也同時包含了幾千年來的不同時代、不同地域的種種語音的內涵。我們還可以不管一個字在唐代怎麼唸，也讀得懂他們所寫的詩文。同樣的，不同地區的方言雖不能夠相互交談，卻因其時代的文字形象是一致的，也可以通過書寫的方式相互溝通。中國的疆域那麼廣大，地域又常為山川所隔絕，包含的種族也相當複雜，但卻能夠融合成一個有共識和可以辨識的團體。這種特殊的語文特性應該就是其重要因素。

中國的漢字看似非常繁複，不容易學習。其實它的創造有一定的規律，可以觸類旁通，有一貫的邏輯性，不必死記每一個詞彙。

世界各古老文明的表意文字，都可以讓我們了解其時的社會面貌。因為這些文字的圖畫性很重，不但告訴我們那時存在的動植物、使用的器物，也往往可以讓我們窺見創造文字時的構想，以及借以表達意義的事物信息。在追溯一個字的演變過程時，有時也可以看出一些古代器物的使用情況、風俗習慣、重要社會制度、價值觀念或工藝演進等等跡象。我們一旦了解一個字的創意，也就某種程度了解到創字的社會背景與生活的經驗。

與狩獵有關的造字創意

回到第一講提過的老虎話題。商代的時候，老虎的數量還很多，常是人們打獵的對象，對於老虎的習性也很了解，所以有不少文字的創造是以老虎為創意來源。以下舉幾個例子。

首先來看甲骨文的「虤ㄧㄢˊ」字，表現兩隻老虎背對著背的樣子。所謂一山不容二虎，兩隻雄老虎不能相容，一見面就要拚鬥至非常疲憊才會分離，所以利用它來表達兩隻老虎生了氣而相鬥，最終疲憊而分開的意思。甲骨文作  等形。金文作 ，還保持兩隻老虎面向不同的方向。到了小篆，為了對稱的原則，就調整成兩隻老虎同方向，。如此便表現不出兩隻雄老虎不能相容的形象了。依據文字創造的規律，凡是以多數同形體出現的，都有和本形象不同的意義，所以虤是借老虎的習性表達意義的。

接著看「皆」字，各位大致不會想到甲骨文寫得如此的複雜：。表現兩隻老虎（經常以特有的頭部表現，銳利的牙齒是必要的構件）陷入一個坑陷裡頭，還相持不下，以致於雙雙死於坑陷之中，都變成白骨（），古人假借這個情況以創造都是、通通的意思。因為字形太過繁複，所以有時省略虎頭而成為坑洞中有兩塊殘骨，或減省成為一隻老虎成為殘骨而在坑中的樣子 。大概筆畫太多，金文除作一隻老虎掉進坑洞中成為殘骨之外  ，還改作兩人皆陷在坑中的字形 。到了小篆的時代，就分化成  與  兩個字。前者的意義已經變成

兩虎相爭的聲音了。如果沒有甲骨文的完整字形，誰會猜得到它的創意呢？

在古代中國的境內，捕獵老虎是最具有危險性的工作。如果不設置坑陷、或使用毒藥箭頭，古時候想要使用青銅武器去獵獲老虎是很不容易的。譬如在一次大規模的狩獵行動，捕捉到鹿四十隻，狼（或可能是獐）一百六十四隻，麑一百五十九隻等，但才捉到一隻老虎而已（《合集》10198）。比起皮堅甲厚的犀牛，動輒被捕獲十隻以上，就可以看出老虎難於捕獲的程度。所以對於一個古代的獵人來說，老虎是一種可以誇耀個人勇武的獵物。商王打獵的時候都有大批勇士隨行，捕到老虎大都是眾人合力所為。但商朝的最後一位王，帝紂，《史記》描寫他「材力過人，手格猛獸」（才能與力量超過常人，能空手與野獸格鬥），或許是基於事實的記載。有一次在雞麓的捕獵行動中，他可能獨力（起碼是主要角色）捕獲了一隻成年的大老虎。為了誇耀自己的英勇，他特地要工匠取下老虎的前髆骨，還在骨頭的正面，利用老虎前髆骨所特有的彎曲骨橋，刻下一隻蓄意攻擊的生動老虎，然後依序而上是兩層饕餮紋，一層簡省的龍紋，最後是三角形的蟬紋。反面也有刻辭，『辛酉，王田于雞麓，獲大烈（或應釋為霍（霸）字）虎，在十月，唯王三祀劦日。』翻譯成白話文意思是：王在第三年舉行劦組的祭祀期間，在十月辛酉日這一天，在雞麓田獵而捕獲了這隻大烈虎。依據書體的風格、字形，以及記載的年月日，可以肯定這個王是紂王。存世的古代老虎骨雕雖然不少，但這是迄今所知，唯一在老虎骨上的刻辭。在正反兩面的花紋和銘辭的刻溝，都使用當時很貴重的綠松石加以嵌鑲（見左圖）。顯然是紂王在炫耀他的打獵成果，作為賞玩和展示的工藝品。以戰利品作為裝飾在古代也有表示地位的作用。個人的能力很難捕獵到老虎一類的大型野獸，只有擁有徒眾的貴族們才有辦法做到。

直接與凶猛的野獸搏鬥，多少會帶來傷害。最理想的方法是挖一個坑陷，引誘野獸掉入其中，等待野獸失去力氣時再捕捉。這樣還可以保持野獸毛皮的完整，更具有

嵌鑲綠松石虎骨刻辭
長 12.2 公分。商代晚期，西元前十二至十一世紀。

經濟價值。甲骨文的「告」字，作一個插有標示牌的坑陷，用意在於警告他人不要誤陷其中，所以有告訴、警告、告誡等意義。的後來字形經過例常的演變（中線加點，點成平劃），標示牌變成類似牛的字形，其實和牛完全沒有關係。金文作。小篆作。

值得注意的是，「告」這個字不能簡單的看成一個坑陷上頭插了一個告示牌。如果只是一個坑洞，人人都知道掉進去的危險性，動物也看得出危險性，不會輕易掉進去。所以這個坑洞是為了捕捉大型動物而挖掘的，上面還偽裝如一般的地面，因為害怕無辜的人掉進去，因而立了一個告示牌，警告人們不要不小心掉進去。研究文字的創意，有時候還要理解創造文字時的境況。

佈置陷阱去捕捉野獸是消極的作為，還有更積極的方式。人類因為能夠製造和使用工具以彌補體能上的不足，使得任何大型、凶猛的野獸都逃不出被人類所擒獲的命運。但是野獸可以躲藏起來，逃避人們的搜索與捕殺。因此，人類打獵的積極作法是利用狗的能力。狗有嗅覺上的天賦異能，可以從野獸遺留的血、汗、尿、糞便等氣味去分辨動物，並加以追蹤、誘發和驅趕，以便人們捕殺，從而分得人們給予的殘食。所以甲骨文的「獸」字（），作一把打獵用的網子（）以及一隻犬（）以會意。兩者都是打獵時需要的工具，因此用來表達狩獵的意義。後來才擴充其意義至被捕獵的對象：野獸。獸字的左邊是一把有柄的田網形象，田網是為了捕捉活的野獸而設計，網上的分叉則是要掐住野獸，使其不能動彈，但又不會傷到牠的毛皮，因為沒有傷殘破洞的毛皮才能賣得好價錢。後來，字形就寫得比較確實，前端的圓圈是為了避免傷害野獸的裝置，分叉之下也畫出網子來（），被網子所籠罩住的野獸就比較難掙扎。金文的字形（），就延續這個複雜的字形，又在直柄的下端加上一個可以插在地上的鐓（ㄉㄨㄟˋ）的形象，以致於更不容易了解整個字的形象。《說文》：「，守備者也。一曰，兩足曰禽，四足曰獸。从嘼、从犬。」沒有說出左邊的嘼與右邊的犬的關係，以及如何有守備的意義。至於「嘼（ㄒㄧㄡˋ）」字的解釋，又說：「，獸牲也。象耳頭足厹（ㄖㄡˊ）地之形。古文嘼下从厹。凡嘼之屬皆从嘼。」則將它誤解為野獸的象形字了。只有追溯這個字的甲骨文字形才可以了解到，原來是一把捕獵動物時，使用的網子形象。後來獸字的引申意義「野獸」變得更為常

用，其原來意義就改用形聲字的「狩」字了。

甲骨文的「臭」字（），其本義即後來的「嗅」字，使用「犬」字與「自」字（）的組合表意。自是人的鼻子的形象，鼻子是職司嗅覺的器官，反映人們完全了解在所有知悉的動物群中，犬的嗅覺最為敏銳，所以選取「犬」構字，以表達辨別味道的嗅覺感官。「臭」的本義是兼有人們喜好及厭惡的味道，後來被習慣用於表示令人不愉快的味道，就另外加口的意符而成為嗅字，以與臭字區別。

犬的敏銳嗅覺不限於探查野獸的藏匿處，對於偵察敵蹤也有很大的作用，所以很快就被貴族利用於軍事偵查和追捕逃犯。商代的中央和方國都設置有犬官，除了報告野獸出沒的情況，以供打獵參考之外，也隨行參加出征的軍事行動。尤其是在夜晚時候，可以替代人類偵察意外的侵犯徵兆。

金文首見「器」字（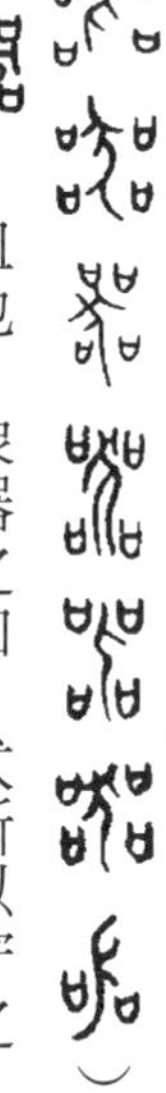），作一個犬與四個口組合的結構。《說文》：「，皿也。象器之口，犬所以守之。」解釋為狗看守著很多器物的樣子。這個解釋雖然可以接受，但尚不能貼切表達狗難以取代的性能。看守財富是很多人都能勝任的工作，但是狗的嗅覺是人類萬萬比不上的。狗原先就是因為有利於狩獵，而被獵人們所接受，當農業漸漸發展，捕獵不再是生活的要事時，狗的敏銳嗅覺也對農民有了新的用途，那就是轉為看守門戶。狗有很好的德性，勇敢、堅毅、有耐力、忠誠和殷勤，聰明而機警，能掌握主人許多細微的動作和命令，甚至能判斷主人的喜惡，所以人們用狗來看守門戶，尤其是夜晚需要休息的時候。

由於狗遠遠的就能嗅聞到陌生來者，以連續的吠聲通知主人。所以「器」字裡頭的四個口成分，比較可能是以連續的吠聲，有如四張嘴巴同時吠叫，以通知主人，而不是默默的看守在器物的旁邊。狗就是因為能驅逐可能不受歡迎的人物，以致被人們用以奚落為勢利的小人，依仗權勢而欺負窮苦者。

商周之間的西周甲骨文的「則」字（），以一件鼎與一把刀組合。在商代，銅鼎是祭祀使用的器具，外觀必須輝煌耀眼，增加祭祀時陳列祭品的美觀。銅刀是實用的切割工具，必須鋒利、耐磨。要讓一件銅器美觀或鋒利，取決於銅與錫合金的不同比例。對於器物的性質有不同需求，原料就須採不同的合金比例標準，才能鑄出合於理想的器物，所以就以一鼎和一刀來表達準則、原則等意義。

金文的「則」字（），結構也是一件鼎與一把刀，但是鼎的字形漸漸訛化，接近金文貝字的字形，最後變成一貝與一刀的結構。《說文》：「，等劃物也。从刀、貝。貝，古之物貨也。，古文則。，籀文則，从鼎。」解釋為使用刀把一枚貝切割成多等分。海貝的外殼很堅硬，商代的銅刀是切不動的。當然這是基於錯誤的字形所做的解釋，現在有了甲骨與金文的字形，很容易看出「則」字部分從鼎形變化成為貝形的過程。

聯結己字紋青銅圓鼎
高 33.9 公分。
商代，西元前十三至十一世紀。

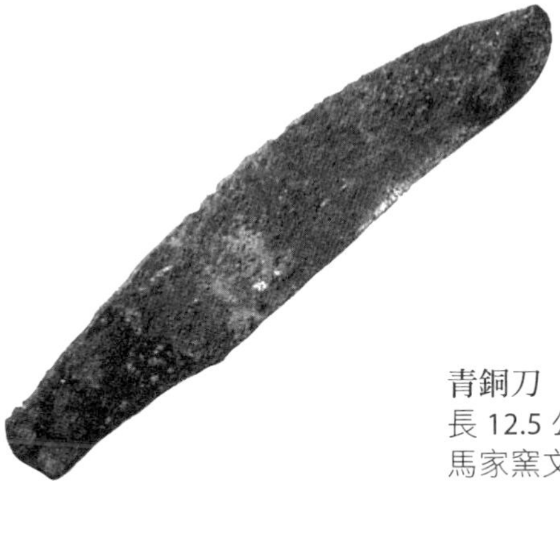

青銅刀
長 12.5 公分，甘肅東鄉縣出土。
馬家窯文化，約西元前三千年。

根據現代實驗結果，當錫的成分佔十七%到二十%時，青銅的質料最為堅韌，適宜鑄造斧斤、戈戟等物件。當錫佔十到四十%時，硬度最高，宜於鑄造大刃、削、殺矢等需鋒利的器物。又，如同第二講所提到，隨著錫的成分增高，青銅的呈色也會由赤銅、赤黃、橙黃、淡黃而變化至灰白。鐘鼎要求有輝煌的赤黃顏色，陳列出來才美觀高貴，所以含銅的成分要高。刀子需銳利又耐磨，需要十幾%的錫。鏡子則要求有良好的反映效果，所以需做成含錫成分更高的灰白色。各類器物各有一定的合金比率，可知商代的工匠已有這樣的知識。

甲骨文的「复ㄈㄨˋ」字（），作一隻腳踏在一個鼓風袋的踏板上的樣子。鼓風袋是藉由腳重複踩踏踏板的動作，把袋內的空氣不斷的通過鼓風管擠進熔爐，以提高燃燒的溫度。因此复字是以重複動作表達往復、重複的意義。如果要使灌入熔爐的空氣強勁，以提高燃燒的效果，爐端的送風管口要稍細。我們從甲骨文（）可以看出商代已有這種認識。根據戰國以來的描述，中國操作鼓風的方向都是水平式的，與西洋早期慣用的上下足踏式不同。現在從字形可以證明中國最初的鼓風橐也是上下足踏的操作式，後來才改良為水平式的。

厚薄是個很難用圖畫表達的抽象概念，古人創此字的方式也是很有創意的。甲骨文的「厚」字，作一個大口、細底的容器依靠在某處的樣子（）。此容器的外形與商代的坩鍋相似。坩鍋本身厚重，加上盛裝的銅液，重量達二十公斤以上。為了容易傾倒燙熱的銅液，所以設計成上重下輕的尖底形式。但上重而大，下輕而細的東西難以自己站立而不傾倒，所以置放時要傾斜依靠它物。由此可知厚度的概念是以坩鍋的壁遠較一般陶器厚重來表達的。

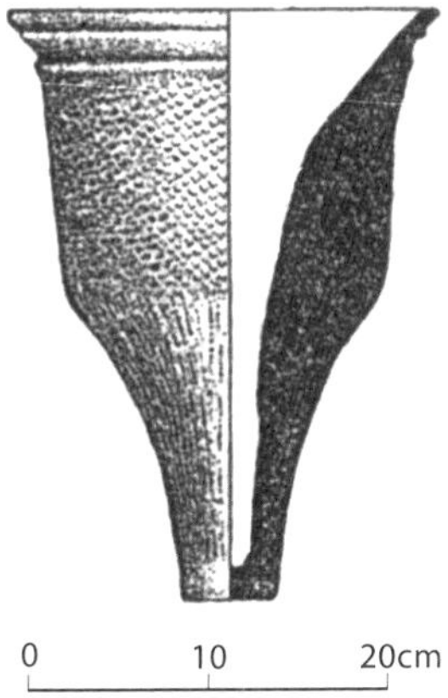

商代的坩鍋及剖面參考圖，河南安陽出土。

商品的標準化也可以從字形推論。前文提過，甲骨文有「尋」字，作伸張雙手丈量某種器物的長度（）。古代一尋等於八尺，乃利用人身的自然尺度而定。「尋」所丈量的器物中有「言」一形（），可知「言」為長八尺的管樂器。有蓆子形（），可知蓆子長度為八尺。有器具形（），可能是掛衣物的架子。蓆子是家家需用的商品，有一定的長度，表示商品已達標準化的階段。

煮食的器具

甲骨文「鬲」字（），字形是有三支空足的容器，是自鼎分化出來的器形（甲骨「鼎」字形 ，表現有二耳與支腳的容器形）。鼎的三隻或四隻支腳是實體的，而鬲則為虛空，或身子的下部有幾個明顯膨脹凸出的區隔。鼎本來兼為燒煮黍飯與菜餚，到了四千多年前，可能是為了節省薪柴，就把足做成虛空的袋足形式，足的部分也就可以受熱煮食。這種形式的容器比較適合穀類的食物。中國古代的菜蔬都是以羹湯的方式處理。蔬菜要加上肉、魚才會有味道，燒食的時候要以匕匙時時攪拌，肉與

菜才不會沉底而燒焦。如果器身的周圍不平順，攪拌的時候就會受到干擾，所以不便使用鬲狀的容器，而要用鼎去煮。穀粒因為細小，沸騰而翻滾的水使穀粒不致沉底，所以不必以匕匙攪拌。甚至最後還要撤去柴火，覆蓋東西使悶上一段時間，才會熟透好吃。煮飯是家家戶戶都得使用的，所以遺址出土的數量非常多。在尺寸方面，鬲與鼎有點不同。鼎的大小相差頗懸殊，但鬲的容量差別卻不大。可能飯煮太大鍋時不易熟透，而羹湯則沒有這種顧慮，只要時間夠久就行了，或者家庭的飯較有定量。

饕餮紋青銅鬲
高 16.7 公分，口徑 13.3 公分，河南鄭州出土。商代中期，約西元前十四至十三世紀。

銅在商代是貴重的材料。以之鑄造燒飯的鬲，大概是為了祭祀的原因。商代的人信鬼神，得到鬼神的保佑才能諸事順利，生活無憂。比較不清楚的是，是祭祀的時候在現場以銅鬲煮飯呢？或是以銅鬲煮了飯再移到另外的容器上祭。右圖這件銅鬲，膨脹的身裝飾兩條斜交的弦紋，頸部雕飾的兩排小圓圈，中間是饕餮紋。口沿平而外伸，設一對圓邊的立耳。是此期典型的形制。散聚不一的綠鏽，增添古意。

以鬲燒飯雖可節省薪柴，但清洗就比較費事。甲骨文的「盡」字，作一隻手拿著一把有毛的刷子在清洗一件器皿之狀（），意義是完全，因為用刷子就可以完全清洗乾淨了。但是清洗鬲時，用刷子就不很有效了，因為刷子伸不進陷空的鬲足。就算能夠伸進，也沒有辦法把飯粒殘渣挖出來。所以甲骨文的「徹」字，作一隻指頭扭曲的手，在一件三個袋足的鬲之旁（），創意來自：要用彎曲的手指，才能徹底的把鬲裡頭的飯渣清洗乾淨。很可能鬲的消失，就和這個缺點有關。

四千多年前華北的文化區開始流行袋足的器物，其原因，除了節省薪柴之外，實在想不出更好的理由。這種流行似乎到了商周之際起了變化。袋足的數量越來越少，袋足的高度也越來越短。就以鬲作例子，商代的鬲，不管是陶塑或銅鑄，腳裡的虛空處與器身的底總有相當的差距。可能就是不便清洗的原因，入周以後，袋足裡的空間越來越淺（如左圖），有的幾乎變成實足而與器底齊平，只有在器身顯出一點膨脹的區隔。如此一來，器形就介於鼎與鬲之間而有鬲鼎的名稱。鬲在漢代之後消失的原因也和鼎一樣，立體豎灶的架構，使支足成為多餘，連帶三個膨脹的器身也沒有作用了。

衛夫人變形獸面紋銅鬲
通高 10.6 公分，口徑 16.3 公分，
南京市博物館藏。
西周晚期，西元前九至八世紀。

這是一雙木屐的左腳部分（下圖左），略為依左腳的外廓製作，右上端比左上端稍微高些。上頭鑽有五個圓洞，排列是上一、中二、下二。屐底的中部和下部的穿孔還挖橫槽相通（下圖右），作用除便於穿繩繫縛外，也使繩索卡在槽內，減少磨損並保持底部的平穩。從穿孔及橫槽的位置看，上端洞的穿繩與中間兩洞的橫穿繩聯繫以套住腳背。穿時大拇指和第二趾夾住穿過的繩子，和現在的涼鞋穿法相同。下兩洞的橫向繩子套住腳後跟，應還與中間的穿繩作縱向的聯繫才便利使用。日常一般的穿用，腳後跟不需套住。這件木屐既有套住腳後跟的設計，必有其使用上的必要性。這個

木屐
通長 21.2 公分，頭寬 8.4 公分，
跟寬 7.4 公分，浙江寧波出土。
良渚文化，西元前 3300-2200 年。

遺址位在湖邊，木屐的使用可能就和在水裡工作有關。湖邊淺水區的淤泥中常暗藏尖銳的貝殼破片或荊棘尖刺，人們常在那兒撿拾水生物食用。如果赤足下水，就很可能受到傷害。所以需要墊足物，也需要緊緊地套合在一起，才方便在水中行動。材料也以木頭為最方便和耐用。

很多事物是順應工作的需要而創發的。木屐是以保護腳不受到傷害的目的而製作，似乎也可類推，鞋子是為工作的需要而創。不過，人和其他的動物一樣，腳本為走路而生，皮膚自會硬化，除非在特別惡劣的環境，不會輕易受路上石塊的損傷。人類赤腳走路已經幾百萬年，不會突然為此目的而興起穿鞋的念頭。鞋子的另一個功能是保持腳的乾淨。很可能為了工作而要保持腳的乾淨，才是鞋子使用的真正用意。

鞋子古代稱為履。《釋名》：「履，禮也。飾足所以為禮也。」可能說中鞋子穿用的真正原因。「履」字的西周字形，作一人腳上穿著一隻如舟形的鞋子狀（）。鞋子的形狀和船很像，如簡單畫個鞋形，就要與舟字混淆，所以加上人穿著的樣子以顯明其意義。但是此人卻特別強調其具有眉與目細節的頭部形狀。鞋子穿在腳下，與高高在上的頭根本扯不上關係，創字者不嫌麻煩的把頭部的特徵描畫出來，就是為了表現鞋子是何種人的服飾。《說文》：「，足所依也。从尸，服履者也。从彳尸，从夂舟，象履形。一曰尸聲。凡履之屬皆从履。，古文履从頁从足。」並沒有說中創意的重點。

早期的文字，把人顏面的細節畫出來的，都表示貴族的身分。巫祝在古代屬於貴族的行列，主持禮儀是他們的職務，最有需要踏進廟堂莊嚴聖地的是他們，因此他們是最有可能首先穿鞋子的人，其次才是有機會參與禮儀的貴族。在古代，參與禮儀是士君子們才有的資格，所以穿用鞋子的也一定是有地位的貴族。後來才發展成人人穿用的東西了。

《釋名．衣服》：「履，禮也。飾足所以為禮也。复（複）其下曰舄。舄，臘也。行禮久立，地或泥溼，故复其末使干臘也。」說出了製作鞋子的原因是為了行禮時，需要在潮溼的土地上站立長久，所以要穿鞋子以保護腳受到潮溼的侵蝕。金文的字形（），包含有水的部分，大概就是表達有利於在潮溼的土地上行走吧。

穿用鞋子的演進過程，大概可做這樣的假設：很多社會都有保持廟堂等莊嚴場所乾淨的習慣。很可能起先在進入廟堂之前，有洗去腳上污穢，以免侮慢神靈的習俗。甲骨文的「前」及「湔」字（），都作一隻腳在有把手的盤中洗滌的樣子。簡略的寫法，有省略盤子的把手，以及水滴的字形。繁複的字形則加一個行道，表達鞋子是在路上行走用的。這個字除了洗腳的本義以外，還有先前、某事之前的意義，可能引伸自從事某事之前必須洗腳的習慣。上廳堂行禮之前要洗腳，也是其中一個習慣。金文的「前」字（），盤子的形象已大大訛變，成了像是舟字的字形了。所以《說文》：「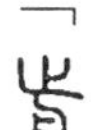，不行而進謂之歬。从止在舟上。」「，湔水。出蜀郡綿虒玉壘山東南入江，一名三危山。東南入江。从水，前聲。一曰：湔，半澣也。」誤解以為表現人的腳在船上，船就戴著人前進，所以有前進的意義。

不過，《說文》中提到「湔」的另一意義半澣（洗），倒是可以作為「前」字的造字創意與洗腳有關的證據。我們可以想像，因為登上禮堂之前要先將腳上的污穢洗乾淨，臨時洗腳恐怕有點匆促，為了方便起見，後來就事先以皮革包裹已洗乾淨的腳，行禮的時候才拿掉這塊皮革。為了避免每次都得繫綁和解開皮革的麻煩，這塊臨時的皮革就慢慢發展成為依照腳的形狀縫成的鞋子了。在古代，禮敬神靈的儀式是只有貴族才有資格參加的，所以「履」字就特別強調穿用鞋子的人是有頭有臉的貴族階層而畫出眉目來。

貴婦的裝扮

下圖這件十七齒的梳子，是用象牙製成。在中國，象牙一向都是貴重的物資，從這件梳子的造型可看出，它的重點不在梳頭髮而在展示，所以在齒上有大面積的裝飾圖案。梳子的面較厚，齒的部分稍薄。頂邊刻出四道三角形的缺口，下面是三個透空的橫列圓孔。圓孔以下是主要的紋飾，

透雕象牙梳

高 16.2 公分，寬 8 公分，山東泰安縣出土，中國歷史博物館藏。大汶口文化，西元前 4300-2500 年。

在透雕的框線中，上面是一道長橫線，兩旁是縱行的不連續三道直線，用十五組平行的透雕短線構成一個阿拉伯數字八的圖形，並在兩個圈中透雕T形字紋。

這件梳子透露很多訊息。細密而長的齒，說明是為繁密的長頭髮而設計，而且是可以梳得非常的整齊順暢。密齒的梳子不一定只有婦女才用，古人少沐浴，留長髮較易長虱，就要用密齒梳去清除，所以留長髮的男士也可能使用它。但是，梳子的柄，一般只夠拿在手中就可以了，現在卻有十一公分高，顯然目的是在展示，讓人看的，因此它是插在頭髮上，是女性才會使用的器物。加上它是以貴重的象牙製作，當然是屬於有人服侍的貴婦人之物了。這件梳子的墓中還發現象牙筒，隨葬品也非常的豐盛，都見證其貴族的身分。後代不以梳子展示富貴，所以梳柄的面積都不大。

密齒梳是貴族的象徵，所以甲骨文的「姬」字（），左半是一把梳子的形狀，右半的「每」字，本義是豐美，作一跪坐的婦女頭上插有多支髮笄之狀（）。在幾個商代的墓葬中，曾發現婦女頭部遺留超過十枝髮笄的情形。「姬」字的意義是貴婦女，顯然是指髮上插有密齒梳子，比只插髮笄的人身

分更高。商代出土的骨笄數量上萬，但梳子卻寥寥可數，反映使用梳子的人身分之高。

還有，三個圓孔應該是為繫綁東西而設的，讓人想起另一個甲骨文「敏」字，作一手在打扮一婦女之頭髮狀（）。要裝扮漂亮，需要巧手才能勝任，故有敏捷、聰敏的意義。頭髮除條形的笄、板形的梳、筒狀的箍外，還可以裝飾各種珠玉、貝蚌等美麗的東西。金文的「繁」字（），作一婦女頭上裝飾有絲帶及其他飾物之狀。因為頭髮或頭帶上所綴飾物多樣，故有繁多的意義。因此這件梳子的孔洞大概綁有色彩艷麗的絲帶，甚至鈴子一類的東西，商代墓葬曾見頭上繫鈴的現象。服侍的人群前呼後擁，髮上裝飾多彩的梳子，走起路來鈴鈴作響，多麼有氣派。

象牙密齒梳參考圖
長 16.9 公分。西周，
約西元前十一至十世紀。

中國傳說神農氏作篦。篦即密齒梳的正確稱呼。神農氏是發展農業的象徵，人們對環境下了投資，開始有產權及領域的觀念，社會漸有貧富及階級之分，有人可以不事生產而享受別人的生產成果，服裝也起了區別。長髮不利勞動，是貴族的形象，這把梳子讓我們了解四、五千年前的大汶口文化已進入有階級的時代了。

香爐的使用

下圖這件文物稱為博山爐，特徵是蓋子像一座山巒之形。相傳博山是仙人所居之處，秦漢人追求長生，希望接近神仙，故常作成這種形狀。身下為支腳、有柄的圈足，或為人物造形。作用是焚香，材料有陶，有金屬。這個博山爐通體用錯金的方法，裝飾形狀不定、飄浮多變的流雲紋。

錯金青銅博山爐
高 26 公分，重 3.4 公斤，
河北滿城中山王墓出土。
西漢，西元前206至西元25年。

器座的圈足裝飾有透雕的騰出水面的三條蟠龍。蓋子作多層的俊峭峰巒形，山巒間有神獸奔走，小猴嬉戲，獵人追逐野豬等生動的畫面，還隱藏多個透空的孔洞，使峰巒更覺深邈，器身錯金的飄動雲氣也與山峰間的雲氣配合，整體像是一座由蟠龍托著的神山。這件錯金的作工非常精細，有粗有細，流暢的線條，把整個山巒的飄逸氣氛都襯托出來了。這樣的作品出自王的墓葬，一點也不令人意外。

人類一直在想辦法讓生活過得更舒服，不管衣食住行哪一方面。在住家方面，不但空間要大，建材要理想，氣氛也要有相當程度的配合。從文字可推斷，起碼從西周時代起，人們就想讓呼吸的空氣舒服些。金文的「熏」字，作一個兩頭都束住的袋子中有物之狀（），後來字形演變，使得袋子底下好像有火的形象（）。所以《說文》：「，火煙上出也。从中、从黑。中、黑，熏象。」分析字形以為表現火煙往上燻烤某種事物的現象。從金文的字形和使用的意義可以推知，這個袋子是香囊，裡頭裝的是乾燥的有香味的花瓣一類東西。香囊可以雜放在衣服中讓衣服沾染香味，也可以佩戴走動，隨處生香，反映對住家生活品質的追求。

由於使用香囊的效果和範圍都有限，後來就改良使用燃燒薰草。古文獻經常提到使用的薰草，是一種禾本科的植物，也稱為蕙草或蘭蕙。蕙草自身能放出香氣，也可以使用焚燒的方式使香氣擴散，所以有「薰以香自燒，膏以明自銷」（薰草因為本身有香味而要自己焚燒，油膏能發出光明所以自身要被焚銷）的句子。燃燒薰草，需要有容器可以收集燒後的灰燼，以免髒污了場地。《說文》：「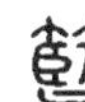，大篝也。从竹，監聲。，古文籃如此。」「篝」是薰衣用具的名稱。所錄的古文字形，表現在房子裡有草（薰草）在一個窄長的燻爐上的樣子。這是焚燒薰草的景象。考古發掘就有長形香薰，可以佐證古文「籃」字形的創意。

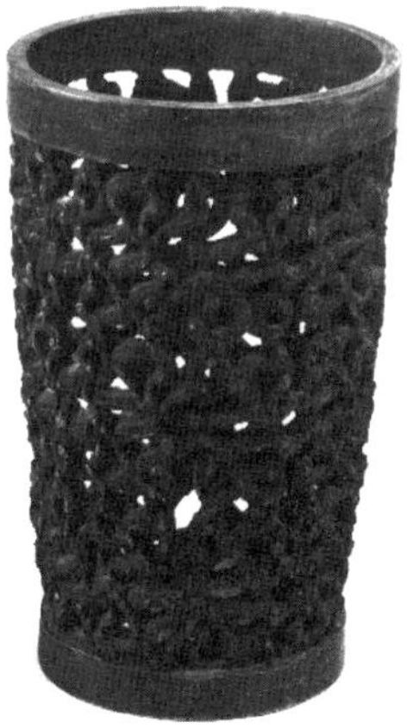

青銅香薰
高 12.7 公分，口徑 8.5 公分。
戰國中期，約西元前四世紀。

薰草生長於湖南兩廣一帶，取得不難，秦漢時代使用薰香甚為普遍。到了西漢中葉，對閩、廣漸有認識，也和西亞較有貿易接觸，知悉龍腦、蘇合等樹脂類香料。龍腦為樹幹中所含油脂的結晶，產於福建、廣東，以及南海、波斯等地。蘇合產於小亞細亞，為金縷梅科喬木，其芬芳馥郁遠超過薰草，人們自然樂於採用它取代薰草。這些樹脂類的香料不能直接用火燃燒，須經過搗打的步驟製成粉末或塊狀，放在爐中的承接器裡，間接用炭火加熱，為了不使燃燒太快而費錢財，不能不改變焚燒的方式，因而有博山爐這種新器具產生。梁吳均《行路難》有詩句「博山爐中百合香，鬱金蘇合及都梁」「玉階行路生細草，金爐香炭變成灰」，就具體描寫以博山爐焚香的情況。這種容器要做成深腹以容納炭火，有蓋使氧氣不充分而慢慢消耗香料，山巒隱蔽處也作成煙孔，使香氣能夠逸出。

焚香本來是為增加生活情趣而做，對於神仙當然要以人們最珍貴的東西去敬拜，因此焚香自然也成為信仰的方式之一，甚至成為主要的功能。南北朝以來佛教盛行，焚香漸成為宗教的行為，焚香的器具也稍有變化，成為特殊的佛具而少見於家庭。到了北宋更製成方便使用的線香或棒香，就成為宗教專用的商品了。

四連體方薰爐
高 14.4 公分，廣東廣州出土。西漢中期，約西元前二至一世紀。

上圖這件香爐，由四個互不相連通的方形圜底小盒組成，共用一方形爐蓋。蓋與爐身上部氣孔均作曲折鏤空。

常見的居家生活用字

順便解釋「去」字。所有生物都必須把體內不需要的東西排泄出去，最原始的當是隨地大小便。然而一旦人口多了，隨地便溺就會對日常生活造成困擾。因此人們就會在不妨礙生活的隱蔽處便溺。甲骨文的「去」字（），表現一個人雙腳曲折，蹲踞在一個坑上的樣子。這個字有排除的意義，最合理的推測，創意是蹲在一個坑上大便，把體內的排泄物解放掉，所以有去除的意思。甲骨卜辭有去雨的占問，就是想知道何時雨可以離去、停止。

此外，「去」字也引申有離去的意義。所以金文的字形（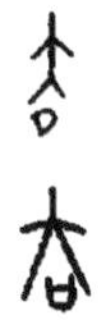），有時加上一個「止」（腳步），使「行走離開某地」的意思更為清楚（）。《說文》：「，人相違也。从大，凵聲。凡去之屬皆从去。」以為是從凵聲的形聲字。又，《說文》：「，凵盧，飯器，以柳為之。象形。凡凵之屬皆从凵。，凵或从竹，去聲。」解釋凵字是以柳枝編綴而成的盛飯器的形象。不排除有人會以簸箕收集糞便，作為植物的肥料。但在古文字中，凵基本是作為表現一個坑陷的符號，所以解釋凵字為坑陷是比較正確的。不管是在坑陷或簸箕之上，去字特別表現一個人蹲著的姿勢，這是排泄大便時最常見的姿勢，所以取之以表達排除的意義是很合理、適當的。如果要把雙腳寫成曲折的姿勢，就得轉換筆勢，增加麻煩，所以就漸漸演變為直腳的形式了（）。同時結構也從包含的形式演變為上下分離的形式，於是就比較難看出表現一個人蹲踞與坑陷之間的關係了。

挖掘坑洞還有另一種需要：住家。五千多年前，仰韶文化晚期就偶爾有建在地面上的大型建築，不過，直到東周時候，人們才普遍居住在地面的房子裡。在商代，多數農民仍住在半地下穴式的房子，因此甲骨文的「各」字（

），是一隻腳踏進一處半地下式穴居的樣子，有來到、下臨、下降等意義。與之相反的「出」字（），則是一隻腳朝穴居外面走出去的樣子，意義為出門、出外等。為了表明「各」字與「出」字都與行走的動作有關，所以兩字又有加上一個表示行道的彳或行字。從這兩個日常用字，可以了解當時華北地區一般人住在半地下穴居的生活習慣。而金文字形的「各」字（）大致與商代相同，偶爾還有加上走字的偏旁。金文「出」字作，字形就有很大的變化。《說文》：「，進也。象艸木益滋上出達也。凡出之屬皆从出。」解釋出字為草木生長茁壯的樣子。沒有看出兩字的創意與古代的穴居生活有關，如此解釋便和原來的造字創意相差很遠。

再介紹另一個字，證明坑洞可以表現房子。甲骨文的「向」字（），作一個坑洞上有屋頂的樣子。早期的房子

只有一個出入口，就是屋所面對的方向，所以表達面向的意義。當時穴居房屋的牆壁非常低矮，難以設置窗口。後來房基上升至地面，牆壁高過人，才可能在牆壁上開設窗或立門戶。《說文》：「，北出牖也。从宀、从口。詩曰：塞向墐戶。」解釋成後牆上的窗，那不是造字時代的意義。

第二講提到，甲骨文的「享」字，作斜擔的建築物立在高出地面的土臺上之狀（），從它的意義為享祭來看，應是代表一種祭祀神靈的廟堂，而不是一般住家。那麼，又該如何表達一般的住家呢？

甲骨文的「家」字（），作一個屋子裡養有一隻或多隻豬的樣子。這個字的結構很清楚，所以從金文（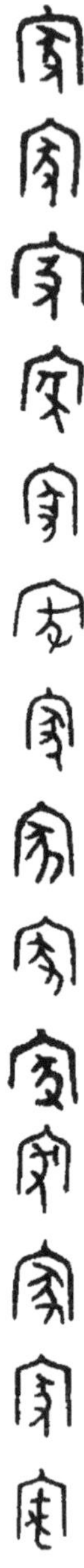）到小篆的字形，基本上結構是不變的。不過《說文》的解釋：「，居也。从宀，豭省聲。，古文家。」就是不了

解這個字的真正創意了。家是一般人家的居住場所，與貴族的官舍和祭祀場地的廟堂，要如何使用文字加以分別呢？這不是簡單可以想出答案來的。當時創造文字的人發現，豬是一般人家才會見到的東西，在廟堂和官舍裡是見不到的，因此就以這個概念來創造家居的字。

甲骨文的「圂」（溷）字，表現一隻豬或野豬在豬圈中，或許多豬在一個家屋中的樣子（）。為了收集肥料方便，古時候把人的廁所與豬圈同建在一處。商代的人不但食用野豬，可能也以家豬與野豬交配培育新品種。「溷」字有一形，作一隻中了箭的野豬被關在豬舍中的樣子，表明有要將野豬加以馴化的用意。野豬的身軀雖然比起牛要小得多，但是衝勁大，而且有粗壯尖銳的獠牙，可以對獵人造成嚴重的傷害。而野豬一旦去了勢，性情就會變得溫和，衝勁也大為低減，不再具有高危險性。所以《周易．大畜》有『豶豬之牙，吉』之語。意思是，已遭閹割的野豬，雖然還有尖銳的牙齒，但已難再傷害人，所以是沒有危險的吉兆。

由於在雨天的時候還要冒雨外出便溺，實在很不方便，如果房子有足夠的空間，

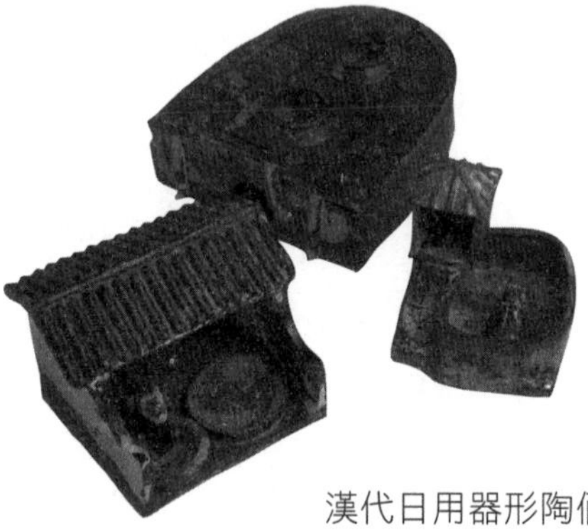

漢代日用器形陶俑（燒灶、臼與磨、豬圈）

自然就會把便溺之所在設在屋裡，方便生活。甲骨文的「溷」字（），作屋中飼養的地方，人與豬都是雜食性的動物，糞便都是堆肥的好材料，所以人的廁所就規畫設在養豬的地方以方便收集糞便。一般的家屋，寢室設在西邊的深奧處，廁所則設在東邊的深奧處。漢代的豬圈陶俑，都兼為家廁，有時陶屋內也有豬。宗廟或官舍是不會養豬的，養豬的一定是一般的人家，由此可見造字的創意。

甲骨文的「宿」字，作一人於薦上睡覺之狀（）。「疾」字則作一人生病而睡於床上之狀（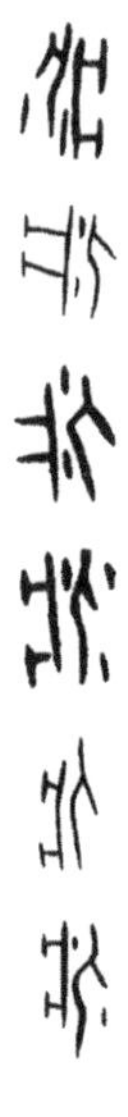

）。這兩字都要把字側著來看（），因為中國古代把字寫在竹簡上，寬長的形象要轉向寫成窄長狀，以致看起來兩字都像站立的人依靠在某物之前的樣子。睡覺和生病是不分階級都會發生的事，所以把人畫成簡單的側面形象。

而「夢」字則是作一位畫有眼睛和眉毛的人躺在床上之狀（）。原來在古代，不管貴族或平民，都是躺在地面上睡覺，但是一旦生了重病，就要在床上作息。這或許是有健康上的考量，但主要的原因是，古人認為死在床上，靈魂才能轉生，所以病危時要在床上準備接受合於禮儀的死亡儀式。埋葬時也要睡在棺內的床上，因此「葬」字（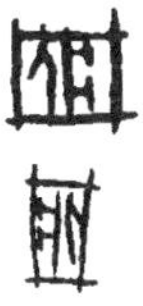），就作一人躺在棺內床上的樣子。只是作夢並不是貴族的專利，也不會導致死亡，為什麼要畫貴族在床上的形象呢？原來古代的中外社會，當為政者遇到難於決斷的重大事件時，往往以神旨作為決定的依據。夢在很多社會裡被認為是神靈的指示。一般人不會刻意求夢，也不一定記得夢中的細節，但貴族有作夢的重要性及迫切性，非得作夢不可，於是有以吃迷幻藥或絕食斷水的方法強制求夢。這兩種方法可以產生類似作夢的幻覺，但也可能導致死亡，故要選擇在床上作夢，以備萬一死亡時，得以不違背禮儀。這不是一般人的行為，所以

畫出大人物的顏面。

破解軍事用字

商代的大學有如今天的軍事學校，是培養高級軍官的地方。但教學也要從基本的體能訓練做起。甲骨文的「誖ㄅㄟˋ」字有（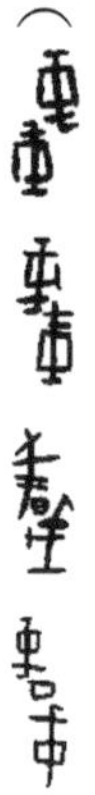）等形。這個字的辨識方式要從後代往前推演，才能有效解讀。

《說文解字》：「，亂也。从言，孛聲。，誖或从心。，籀文誖从二或。」這個字的小篆與籀文的結構完全不同，從文字學的觀點看，籀文的字形屬表意字，小篆的從言或從心孛聲的字形，是後來為了方便音讀而創造的形聲字。「言」是表達言論的符號，「心」是表達思考的符號，兩者經常可以相互替代，因而可知這個誖亂的意思，和言論與思考都有關係。作者許慎沒有解釋為何籀文的字形有誖亂的意思。

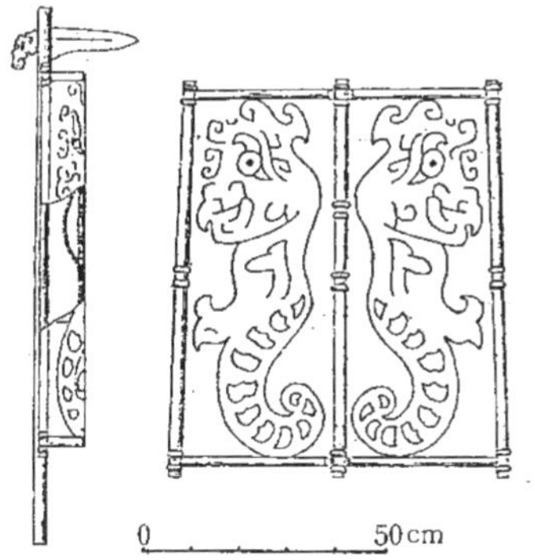

復原的商代盾牌，就是甲骨文字表現的形象。

「誖」的籀文是已經訛變很多的字形，不好推論文字的創意。小篆與籀文之前的金文，也難看出如何與誖亂的創意有關。甲骨文的應是它的前身，又是更前的字形。這就可能猜測得到誖字的創意了。

「誖」的甲骨文字形，是的一正與一反相疊的形象。甲骨文字表現的是一把兵戈上附有矩形的盾牌，應該如上圖所示，是攻擊武器的戈柄上附有防禦性盾牌的樣子。這種盾牌兼有攻敵與防禦作用，如果有意以這種盾牌相向的話，將可能相互傷害，因此這個字的意義應與傷害有關，而不會是誖亂。

今日復原的商代盾牌，就是甲骨文字表現的形象。

使用這種武器，如果列隊整齊的話，就不會傷害到同伴；如果在慌亂中列隊，才可能會相互撞擊，而傷害到自己人。可以想像這是在慌亂中（或是在黑暗中）排隊，才會造成的現象。所以，是「詩」字較早的字形，後來盾牌與兵戈分離而成為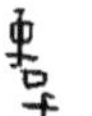、，再之後方形的盾牌變成圓形，籀文則是再進一步訛變，成為兩個或字相向連結。這就難看出原來是什麼創意了。

這是一個文字學者如何從後代的字形，一步一步往前推而辨識古文字的好例子。從這個字，我們也可以想像古代軍事訓練，也有夜間召集的訓練，以應付敵人的夜間突襲。

甲骨文的「並」字作等形。它表現兩個「立」字並排或兩個大人相鄰站立在地面的樣子。「並」的創意也很容易了解，以兩個大人並排站立表達，所以有相併站立的意義。因為這個字的創意很好理解，所以到小篆時代，字形還是不變

（）。兩個大人相併站立也是很平常的情況，如何說它與軍事的訓練有關呢？這就要看下面這個字。

替字在古文獻裡使用不多，只有幾個字形，甲骨文作，金文作。要了解這個字的創意，就得借助《說文解字》的說解：「，廢也。一偏下也。从並，白聲。，或从曰。，或从兟从曰。」替字的意義是廢，意即敗壞了一件事情。這也是抽象的意義。從小篆的幾個字形來看，上半部分都表現兩個人正面站立（），或側面站立（）。下半部則是曰（）或白（）。「曰」的字形表現嘴巴出聲氣的樣子。「白」是自的簡體，表現一個鼻子的形狀。不管是嘴巴或鼻子，都很難結合兩個人並排站立，而表達出敗壞的意義。從文字學的觀點來看，很可能曰或白是坑陷（）字形的訛變。整個字形大致表達兩個人被陷於坑陷內，不願合作想辦法逃出，只在坑陷內坐以待斃，敗壞了解救的時機。《說文解字》還寫了一句很奇怪的話：「一偏下也。」這顯然不是字義，而應該是對於字形的解說，甲骨文的字形（）或金文的字形（），都是一個立的位置比另一個立的位置稍微偏下。這豈不是「一偏下也」。很可能被不明其意義

的人把《說文解字》所標示的字形給刪掉了。

用兩個人站立的位置不整齊去表達敗壞之意義，豈不和另一甲骨文「誖」字（）一樣，意義來自因排隊不整齊，而致敗壞了隊形的陣容嗎？因此「替」的原來創意是，排隊不整齊而致敗壞隊伍整體的形象。在一般情況下，不會特意要求大家都站在同一直線上，一般人也不會輕易接受別人的指揮而如此排隊。只有在軍隊講求紀律、服從、整齊的情況下，排隊不整齊才會得到敗壞的評價。要求隊伍整齊最常見的情況是軍隊訓練或展示軍容的時候，所以才選擇以這種情況創造敗壞的意思。但是，中國文字演變的趨勢是使每一個字都保持方方正正，或同樣大小的外觀。如果以兩立一高一低的字形來表現，字形既不方整，又容易與兩立同樣高度的「並」字混淆，因此改為以兩個人並立於坑陷中，張嘴呼叫而不想法子脫逃為敗壞的舉動（）。這個字形後來演變為小篆的，或取兩人並立之形而下加一個坑陷，同樣表達不思脫逃為敗壞的舉動，其後再演變為小篆的字形。

中國文字學是中文系大學部必修的課程，主要講授文字結構與意義之間的關係。不少同學因為學習不得其法，覺得非常難學。其實在理解了圖像所表現的意思之後就很難忘記。多少年之後，見到同樣的圖形，就會勾起記憶。

舉個例子，臺北故宮博物院器物處的主任張光遠先生曾經向我敘述，或者可以說「告狀」：我的一個洋學生來故宮參觀，在青銅器展區前，有眼不識泰山，不知道他是行家，竟班門弄斧，向他解釋銅器銘文中的字的創意。我在多倫多大學的東亞系開一門中國古代社會的課，經常用甲骨文或金文印證講述的內容。每個字我都解釋字形的圖象代表的是什麼意義，所以事隔多年，這位學生不但識字，也能解釋圖象反映的意思。可見只要了解一個字的創意就很難忘記。那些學生採用硬背的方式，當然覺得不好背。我的記性非常差，往往二十個字的五絕，不但花很多時間才背起來，又很快忘記。但是對於甲骨與金文，我卻歷久不忘，並不需強記。

從本書所舉例的古文字，應該可以領會，古文字形就像一張照片拍下即時的影像，曉得拍的是什麼事件，以後一看照片也就知道怎麼回事了。本書限於篇幅，所舉的例子不多，如果想了解更多，可以參考字畝出版社所出的《字字有來頭》系列，如果還想知道更多的字，則請參考同系列的《甲骨文字典》。雖然其中還有很多字不能理解其創意，有待探索，但已比之前的人知道更多的文字創意。至於不成熟的地方，也希望同道再努力，找出真正的創意。

說不完的甲骨文故事／許進雄著 . -- 初版 .
-- 新北市 : 字畝文化出版 : 遠足文化事業
股份有限公司發行 , 2023.05
面； 公分 . --（Learning ; 22）
ISBN 978-626-7200-81-0（平裝）
1.CST：甲骨文 2.CST：古文字學

792.2 112005804

Learning 022

說不完的甲骨文故事

作者｜許進雄

字畝文化創意有限公司
社長兼總編輯｜馮季眉
主編｜許雅筑
責任編輯｜徐子茹
編輯｜戴鈺娟、陳心方、李培如
封面設計｜兒日設計
內頁排版｜張簡至真

出版｜字畝文化／遠足文化事業股份有限公司
發行｜遠足文化事業股份有限公司（讀書共和國出版集團）
地址｜231新北市新店區民權路108-2號9樓
電話｜(02)2218-1417 傳真｜(02)8667-1065
客服信箱｜service@bookrep.com.tw
網路書店｜www.bookrep.com.tw
團體訂購請洽業務部 (02) 2218-1417 分機1124
法律顧問｜華洋法律事務所 蘇文生律師
印製｜中原造像股份有限公司

2023 年 5 月 初版一刷 2023 年 7 月 初版二刷
定價：400 元 書號：XBLN0022 ISBN：978-626-7200-81-0
EISBN：978-986-9803-93-9 (PDF) 978-986-9803-94-6 (EPUB)